商人三谋

方军 编著

中国华侨出版社
·北京·

图书在版编目 (CIP) 数据

商人三谋 / 方军编著 .—北京：中国华侨出版社，2005.11（2024.9 重印）
ISBN 978-7-80222-008-9

Ⅰ.①商… Ⅱ.①方… Ⅲ.①商业经营 – 谋略 Ⅳ.
① F715

中国版本图书馆 CIP 数据核字（2005）第 135038 号

商人三谋

编　　著：	方　军
责任编辑：	刘晓燕
封面设计：	周　飞
经　　销：	新华书店
开　　本：	710 mm × 1000 mm　1/16 开　　印张：12　　字数：136 千字
印　　刷：	三河市富华印刷包装有限公司
版　　次：	2005 年 11 月第 1 版
印　　次：	2024 年 9 月第 3 次印刷
书　　号：	ISBN 978-7-80222-008-9
定　　价：	49.80 元

中国华侨出版社　北京市朝阳区西坝河东里 77 号楼底商 5 号　邮编：100028
发 行 部：（010）64443051　　传　　真：（010）64439708
网　　址：www.oveaschin.com　　E-m a i l：oveaschin@sina.com

如果发现印装质量问题，影响阅读，请与印刷厂联系调换。

前 言
Preface

一名商人怎样才能在激烈的竞争中脱颖而出？怎样才能把自己的生意做大做强？

有经验的商人都知道：做生意成败的关键在于商人的智慧。

在当今全球经济一体化的时代，做生意，驰骋商海是时代的主旋律。但做生意必须善"谋"才能游刃有余，永做商海中的不败者。在竞争日趋激烈的市场中，要么优秀，要么退出。事实上，今日市场的角逐已不仅仅是资本的竞争，更是商业智慧的较量。

商人有三谋：

谋机，让你在复杂纷纭的市场信息中抓住财富的落点，以迅速的行动先人一步抓住机遇，在别人关注之前将其转化为自己的财富。

谋术，使你在机会面前巧于应对，以正确的战术少走弯路，它是执行的学问，是击败对手的利器。

谋势，让你在生意之外看生意，从战略的角度规划商人的今日和明天，不仅创造眼前的财富，更开辟将来的财源。

商人做生意是成功还是失败，是做大还是做小，就要看他"谋"

的能力。机会可能转瞬即逝，它只偏爱有准备的头脑。很多人常常做后才想，而成功的商人则是谋后再做。

没有哪个商人甘于默默无闻，搏击商海就是为了站到财富之巅。"谋"是商人成功的舵手，当"谋"的真谛被掌握后，财富自然会滚滚而来。

让商人们通过"谋"来探寻通往"金山"之路。

目 录
Contents

上篇 谋 机
善抓时机就能找到最佳的财富落点

机会对于商人而言是通向财富之门的金钥匙。商人应该具有敏锐的感觉，能够准确洞悉机会的存在，并以迅速的行动抓住它。但是机会往往隐藏于缥缈的表象后面，又如此来去匆匆，经商者只有时时锤炼自己的"谋机"功夫，才能找到最佳的财富落点。

第一章　绕开热点寻求商机 //002

人弃我捡是"谋机"的捷径 //002

抓住特殊需要做文章 //007

冷点有规律可循 //012

在热点旁边寻机会 //016

补空当也能赚大钱 //020

能快一步靠的是谋动在先的头脑 //027

第二章　从最高点和最低点都能起跳 //031

把自己"炒"到一个高起点上　//031

至少先抢占一个制高点　//036

"大"材"小"用又何妨　//040

小利润也能造就大富翁　//044

用低点作为高点的敲门砖　//048

中篇　谋　术
战术对头必能事半功倍

商人必须是个战术家：机会来了怎样抓住抓紧？方向确定了，面对复杂的局面，如何才能跨越荆棘，安全地抵达终点？情况变化了，如何巧于周旋以变应变？谋术是执行的学问，是解决具体问题的手段，是灵活多变、对症下药的应对思路。经商过程中战术对头，就可以少走弯路，赚钱自然水到渠成甚至事半功倍。

第三章　千方百计战胜竞争对手 //054

会做价格的别样文章　//054

警惕对手设下的陷阱　//060

利用对手破绽 //064

非常时期可用非常手段 //068

以夸自己的方式把对手打败 //071

第四章　打造最犀利的营销术 //075

最犀利的营销术以最过硬的质量为保障 //075

吃不着的才是最好的 //080

妙用感情因素营销 //084

选对名人才能利用他的名气 //089

层次分明策划需求 //092

第五章　借力而用是谋术的至高境界 //098

做生意既要会借又要敢借 //098

利用朋友的力量 //101

借力要善于利用双方优势 //107

以己之短借人之长 //111

借力之要在于借势 //116

下篇 谋 势
站在战略高度的商人能拔头筹

俗话说：站得高才能看得远。一个商人如果只想小富即安也就罢了，要想于商海之千帆竞渡中拔得头筹，就必须具备战略家的思维和胸怀，必须能够"身在五行中，跳出三界外"，从生意之外入手去做生意。这样才能打理大生意，才能成为某一具有行业控制力的大商人。所谓"功夫在诗外"，就是这个道理。

第六章 用长远眼光做长远生意 //124

以静制动是规避风险的良策 //124

肥水浇灌自家田 //129

大胆决策实现跨越式发展 //132

赔钱的事也不妨一做 //137

替顾客省钱也是为自己赚钱 //142

第七章 做个明察利外之势的高明商人 //147

做生意要善于烧冷灶 //147

做生意要估清情势 //153

做生意应学会看清财势走向 //159

善于顺应时势把握大局 //166

遵守商道势在必行 //173

上篇 谋机

善抓时机就能找到最佳的财富落点

机会对于商人而言是通向财富之门的金钥匙。商人应该具有敏锐的感觉，能够准确洞悉机会的存在，并以迅速的行动抓住它。但是机会往往隐藏于缥缈的表象后面，又如此来去匆匆，经商者只有时时锤炼自己的"谋机"功夫，才能找到最佳的财富落点。

第一章 绕开热点寻求商机

谋，说白了就是善动脑筋。商务活动是一种高智商的较量，不能坐等机会找上门来，也不能随大流、赶潮流。热点固然可以赚钱，但热点之处必是一番人头攒动、同争共抢的景象；机会的小路必然被挤得更窄，被挤到路外、赔个血本无归的也必大有人在。聪明的商人善于绕开热点，探寻新的商机。

人弃我捡是"谋机"的捷径

古时候，在一个偏僻的小山村，当地村民均以红薯为食。

由于风调雨顺，红薯经常大丰收，人们便不怎么爱惜粮食，把吃剩的红薯皮随意乱扔，只有一个老汉，把红薯皮留下，并把别人扔的红薯皮也收集起来。人们都笑他寒酸，但这个老汉却不以为然。他把红薯皮堆在自家院内，天长日久，红薯皮渐渐垒成一堵墙。

若干年后，该地连年大旱，粮食几乎绝收，大批的村民饿死，甚至出现吃人的惨剧。唯有老汉一家靠那堵用红薯皮堆起的墙活了下来。

老汉顶住别人的嘲笑，"人弃我捡"，将红薯皮积攒下来，成为日后活命的资本。

"人弃我捡"，这种剑走偏锋的险招往往能出奇制胜，但它的前提应该是有洞观全局的眼光和成竹在胸的信心。否则，这种便宜也不是好捡的。

人们往往能对一窝蜂"扎堆"的不明智做法表现出事后诸葛亮的批判态度，并自以为聪明地不再"傻"第二次，却因此忽略了"扎堆热"之后的"冷场"，也从而错失了真正的"商机"。

前几年，在沈阳街头流传着这样一个故事：有兄弟俩和妯娌俩筹集了两家人的全部积蓄，奔向海南往沈阳贩西瓜。当时，沈阳市场西瓜紧缺，经营者都纷纷奔赴海南购买西瓜，都想赚一笔大钱，这是不是机遇呢？照机遇的本身含义来讲，这种时候肯定是一种机遇。

但是，当哥俩把西瓜从海南运到沈阳后，沈阳市场西瓜堆积如山，喊破了嗓子也卖不动，最后一算账，连本钱都没赚回来。于是那哥俩都绝望地说："今后死也不干长途贩运了。"

可是，妯娌俩并没有被眼前的困难所吓倒，她们筹借了一笔资金，不顾众多人的劝阻，二下海南。这一次，当她们把西瓜运回来后，市场上当天只有她们两人的西瓜，一下子就被人抢光了，不但弥补了上次的亏损，还获利一万多元。当有人问她们赔了那么多钱，为什么还去海南贩西瓜呢？妯娌俩说："第一次，市场缺西瓜，我们去贩运的时候，别人也去贩运了，又都是那两天到货，货一多，价格就低了下来。在我们赔钱的时候，别人照样赔钱，就像我们那哥俩一样，害怕再赔钱，都不再搞了。正是这个时候，我们把西瓜运进来，市场只有我们一份，价格自然就上去了。"

根据"脑科学"研究人员的分析结果表明，男性和女性的智力分配是不均衡的：男性更善于从宏观上观察和思考问题，而女性则习惯于从微观角度思考问题，用心细如发来形容她们的思维特征是再合适不过的了。在某些情况下，女性以其特有的敏感和缜密的思维做出了准确判断，确实让堂堂大老爷儿们"刮目相看"，真是"巾帼不让须眉"。上文中的妯娌俩就给我们上了精彩的一课，她们以"众人皆醉我独醒"的智慧，看到了停滞的市场行情背后的盲点，二次贩瓜，独获成功。

谋机深解

捕捉机会见机而动

玫瑰在散发馨香的同时也生有尖刺。财富以诱人的面目出现时也伴有风险。不冒险当然不会有很大损失，但是也没有很大的收益，是否甘愿冒险去攫取利润取决于当事者的风险预期和对机会成本的选择优化。

无论在社会生活和社会斗争中，机会只偏爱那些有准备的头脑，只垂青那些深谙如何追求她的人，只赐给那些自信必能成为创业者的人。

（1）一个是识机，一个是择机

捕获机会，见机而动，这个道理并不难理解，但许多人却令人遗憾地失去了机会。

失机的原因恐怕体现在两个环节上，一个是识机，一个是择机。

时机来到，有的人能及时发现，有的人却视而不见，有的人虽然有所发现，但认识不清，把握不准。

对机会的认识决定了对机会的选择。

不能识机，也就无所谓择机，识机不深不明，便会在选择上犹豫徘徊，左顾右盼，不能当机立断，最终错失良机。

致使良机失去的另一个原因，是多谋少决，不敢决断，不能当即择机。

这固然受到对时机认识不明的制约和影响，但与决策者的心理素质也有很大关系。

有的人天生意志软弱，缺乏决断力，面对几种互相矛盾的选择方案，不分良莠，不知取舍，无所适从。

要想做到见机而动，必须善择机会，良机不可能赤裸裸地放在你的面前，它常常被复杂变幻的迷雾所掩盖。

为此，必须养成审时度势的习惯，随时把握客观形势及其各种力量对比的变化，透过现象，发现本质，这样，方能及时抓住时机。

（2）见机而动应果断

做到见机而动，还应注意培养果断的意志品质，杜绝犹豫不决的弱点。

行动需要决策。

任何决策都有风险。具有百分之百的成功把握的决策，算不上决策，在一般情况下，有七分把握，三分冒险，就应当机立断。

人们常犯的错误是，在机会到来的时候，患得患失，犹豫不决。

在美国独立战争中，有一次，南军总司令罗伯特·李被逼到波托马克河边，此时，正值河水猛涨。

前有大河后有追兵，使这位能征惯战的总司令陷入穷途末路的境地。

这是彻底消灭南军结束战争的最好时机，但是，波托马克河战区的指挥官米德却优柔寡断。

他不但直接违背林肯总统的指令，召开军事会议讨论，而且申诉种种理由拒绝向南军进攻，结果河水退了，李带着残部渡过了波托马克河。

立志于成为创业者的人们，一定要杜绝犹豫不决的弱点。

不要总盯着可能有的一点点风险，举足不前。

（3）不肯冒风险，必将一事无成

有句老话："舍不得孩子，套不住狼。"不肯冒风险，必将一事无成！

机会是客观存在的，它不仅无时不在，而且对于每个人都是很公平的。

"幸运"当然是属于机会，但机会并不是单纯的"幸运"，更不能等同于机会主义。

一般说来，机会有两大特点：

一是具有鲜明的瞬时性，这就是稍纵即逝；

二是倾向性，它垂青"有准备的头脑"。

捕获机会的愿望，人皆有之，但是在生活中和成为创业者的道路上，并不是每个人都能获得成为创业者的机会，这又是什么原因呢？

原因就在于对机会两大特征的认识与掌握，在于对机会是否有执着追求的精神。

这也就是前面所说的，机会垂青"有准备的头脑"。

抓住特殊需要做文章

战争结束了,一个从战场上归来的老兵回到了自己的家乡。

由于长期待在部队,每天在军规下生活,接触的是血与火的考验,这名老兵无法立刻融入社会。他陷入自我封闭中,后来在一名心理医生的帮助下,才重新回归社会。

不久,他了解到,像他一样从军营中退伍的人,许多都无法适应社会。

于是,这名老兵发起了一个退伍军人联谊会,专门帮助复员军人克服心理上的障碍。他得到了许多老兵的支持。

特殊的人群确实有特殊的需要。

商家为了满足消费者的公共需求,一般都采用标准化流水作业的生产方式,这样成本低、效率高,是一般商家的首选。这样做是厂家为了扩大销路,尽可能将产品的消费群体定得广些,但有些特殊人群对这样生产出来的产品抱怨颇多,因为这些产品满足不了他们的特殊需要。世界上没有两片相同的叶子,同样也不可能有两个需求完全相同的人。

其实,生活中每一个群体,相对于别的群体来说都是特殊的群体,都有一些特殊的需要。如果能用"特殊产品去满足特殊的需要",那么将眼光或追逐财富的落点放在特殊需求上,为特殊人群提供特殊服务,这必定能拴住固定的客户。诚然,许多的特殊需要已经被别人考虑到了,但特殊需要是时刻都在产生和变化着的,因此只要你眼光独到,总能发掘出别人从未发现的特殊需要。从而获得令人羡慕的收入。

一个盲人走上盲道的感觉和走在普通马路上是不同的,他的心中肯定会充满对社会关怀的感激；同样，一个左撇子见到或听说有专门为他提供各种生活用品的商店，他肯定会专门慕名而来，同时更会热心地把它介绍给每一个有这种特殊需求的人。这家商店吸引顾客的，不仅是它有价的商品，更有无价的人文关怀。

英国伦敦苏豪区彼科街有一家商店，店主是威廉·格卢彼夫妇。虽然赚钱不多，但格卢彼夫妇仍然生活得很快乐。因为，他俩很有同情心，待人和睦，朋友很多。有时，人们来到他们开的小店里，并不是为了买东西，只是聊天，或者来倒心中的苦水，或者说些开心的事。

有一天，店里来了4位客人，巧得很，这4人都是左撇子。几个左撇子碰到一起，自然会谈起与左手有关的事。无一例外，他们都大念苦经。说左撇子如何如何不便，因为所有的物品都是按右撇子的需要设计的，左撇子用什么都觉得不顺手。

左撇子们的谈话，使格卢彼夫妇深受触动，他们想：这些人太不幸了，生活中竟有这么多不便。那为什么没有人考虑他们的需要呢？如果自己开一家专门卖左撇子用品的商店，不是对他们有益，自己也可以获利吗？不过，办这种商店的前景如何，格卢彼夫妇心里根本没底，因为他们不知道，在人群中左撇子到底有多少，是不是都需要这种专门性的商品还是个问题，为此，他们做了深入的社会调查，以便了解用左手工作的人到底有多少，以及他们对左撇子用具的需求度。

后来，他们从美国心理学家拜尼逊博士那里得知，全世界人口中估计有34%的人是用左手工作的，不过有许多人从小就被迫矫正了。这位博士还告诉他们，其实这种人为的矫正是不足取的。格卢彼夫妇还从日本学者研究的结果中了解到，中、老年人改用左手是一种健康长寿之道。因为惯用右手的人，支配右手的左脑血管比右脑发达，从而使60%的脑出血发生在右半脑，如果有意识改用左手，对健康会大有益处，并能对右眼和右耳起到保健作用。

格卢彼夫妇经过一段时间的调查研究后，大约花了半年时间的准备，开设了一家"左撇子用品商店"。这是伦敦独一无二的特种商店。他们在商店里陈列的左撇子用的商品几乎不亚于名流商店，商品一应俱全，从花卉剪、开罐器、指甲剪，到高尔夫球杆、手汽枪等等，都是供左手用的。这些产品都是他们要求各大厂家特殊制造的。另外，他们还在商店里宣传拜尼逊博士和日本学者的有关见解。结果，经过一段时间的经营，果然取得了成功，生意越来越兴隆。近年，其营业额每年达数百万英镑。

造化弄人，造就了与众不同的每一个人。有些人有共同的生活习惯，共同的兴趣爱好，于是他们也有着共同的需求；但同时也有一些人他们的生活习惯、兴趣爱好却与别人格格不入，这令他们在与人交往时感到烦恼和气馁。但这对于聪明的商家来说，可是个千载难逢的赚钱良机。

特定的人群、性别便有其特定的消费需求。不同性别的消费者，由于其生理特点和生活习惯的不同，在消费心理上的也是有差别的。如果你善于动脑筋在这些差别上做文章，就能避开热点，从冷点中找到财源。

谋机深解

机会不是碰运气碰出来的

任何产品都是针对消费者而生产的。其实，生活中每一个群体相对于别的群体来说都是特殊的群体。有特殊的人群必然有特殊的需求，特殊的服务必定能拴住固定的客户。

诚然，许多特殊需要已经被别人想到了，但特殊需要是时刻都在产生和变化着的，只要善于发掘总能发现它。

首先应该肯定，机会是长期奋斗的结果，并不是凭空无缘无故产生的，也不是像有的人说的是"碰运气"得来的。

应该说机会产生的客观条件在人类改造自然和改造社会的实践范围内就已具备了，其中有些虽然是自然界本身自发地出现的，但它要通过人类的活动才可以显示其意义；有些则是经过人的干预出现的，这种"干预"既可以在有意识的干预下出现，也可以在无意识的干预下出现，无论哪种情况，都没有离开人们的努力。

机会的表现形式是偶然的、意外的，并带有某种偶然的性质，它是我们应该承认的客观事实。

但是，如果我们只看到它的偶然性，那还只是表面的、片面的认识，因为任何偶然性的背后无不隐藏着必然性、规律性的东西。

必然性一定要通过偶然表现出来，因而机会也就是表现必然性的一种形式。

在人的一生中，总会碰到各式各样的偶然性的机会，但是，假如没有平时对知识的积累、辛勤持久的思索，那么，机会即使降临了，也无从知晓，知晓了也不善于捕捉利用，所以，人不能把希望寄托在偶然性的机会上。

如果把人的命运比作一个圆弧轨迹，那么偶然性（意外性）的机会就是这个圆弧的外切点；这个圆弧扩得越大，它的外切点就越多。

所以一个人的智能视野越大，碰到的偶然的机会就越多，利用偶然的机会进行创业的可能性也就越大。

在日常生活中，有些现象看上去是偶然的，但实际上它总是反映一种必然性。

例如，有人对1500年～1960年全世界1249名科学家和1928项重大科研成果进行分析，发现科学家的最佳年龄区是25岁～45岁。

可见，时机是可以把握的。

又如，保险公司利用偶然性获胜，虽然它可能向个别保险者赔偿巨款。

但总体上看，许多对它有利的和不利的因素相抵销，最后，还是呈现出对保险公司有利的稳定趋势来。

再如，法国数学家蒲丰做了一个著名的掷硬币试验，投掷的次数愈多，正反两方面出现的次数便愈接近。

他一共投了4040次，结果反面出现2048次，即反面的"概率"为0.5069。

后来，数学家皮尔逊又做了两次实验，第一次投掷12000次。结果正面出现6012次，"概率"为0.5005。这说明，试验次数愈多，其结果愈接近一个常数。

这些事例说明，有些现象就其单个来说，在一定条件下，它可能出现，也可能不出现，表现出偶然性，没有什么规律。

但是从大量的同类随机现象来看，却表现了它内部的、本质的必然规律性，即统规律。

这也就说明，任何事物无不是必然支配着偶然。

万物同理，因机会而导致的科学上的重大发现，尽管表面上看来好像是意外的、偶然的，然而其中包含着许多必然的因素。

在机会的偶然与必然的关系中，我们应该着重掌握机会的必然性，因为任何必然都是由事物的本质原因引起的，它带有规律性的东西，它又决定了事物发展的方向。

怎样去认识机会的必然性呢？

巴斯德说过：在观察的领域中，机会只偏爱那种有准备的头脑。

所谓有准备的头脑，就是有充分的知识，有追求真理的渴望，有刻苦钻研的精神和科学的思维方法。

没有这些必要的条件，即使千百万次地碰到这些机会，那也如同过眼烟云，转瞬即逝。

成为创业者是一种艰苦的劳动。

任何幻想时来运转的"机会"，坐等"良机"的光顾，把成为创业者的希望寄托在碰运气上，实在是守株待兔式的异想天开，完全不懂得机会偏爱的正是那些愿意为它而辛勤劳动的人。

冷点有规律可循

有一名股票投资者，他在股市上获取了巨额的财富，他本人也被人们称为"股神"。

有人向他求教,这名"股神"只是淡淡一笑说:"我也没有什么特别的,只是在股票跌落时买进,在股票上涨时抛出。当股市不景气时大量买进,繁荣时再卖出,就这样简单呀!"

道理是很简单,每个人都懂。但当股市发生巨大波动时,你能看着属于自己的财富而坚持原则,不为所动吗?

在"冷点"上发财,一要靠眼光,二要有勇气,其前提是统观全局放眼长远的胆识气魄。一旦把握住因"冷"而少的机遇,想不发财都难。

1912年,以难民身份进入希腊国土的奥纳西斯双手空空,身无半文,工作找不到,栖身之处亦无着落。趁着在一条旧货船上打工的时机,当船在阿根廷首都港口停泊的时候,奥纳西斯开溜了,从此他开始了艰难的创业生涯。

在阿根廷,奥纳西斯在一家电话公司当了一名焊工,他每天工作16个小时以上,还经常通宵达旦地加班。在穷困中泡大的他,舍不得多花一分钱,天长日久便积累了一笔资金。

随后,他开始从事烟草生意并获利甚丰,当人们都以为他要在这一领域做一番事业时,奥纳西斯却有另一番想法。他认为,要做一个真正的企业家,必须掌握一个诀窍——到其他人认为一无所获的地方去赚钱。

当他悄悄站稳脚跟欲再度发展时,震撼世界的经济危机袭来了。在充满恐慌的灾难之中,奥纳西斯以他过人的勇气和眼光,把他的财力投在经济危机中被普遍认为最不景气的行当:海上运输。

当时的世界背景是:贸易瘫痪,海运业濒临崩溃。1931年的海运量仅是1928年的1/3左右。

当加拿大国有铁路公司被迫出售时，奥纳西斯了解到该公司有6艘货船出售，这些船在10年前的价钱是每艘200万美元，而现在只卖2万美元。奥纳西斯急匆匆赶到加拿大，买下了这6艘船。这种孤注一掷的投资令人惊异，而他却深信这么干值得，一旦时势变化，投资会赚回来，利润会滚滚而来。

果然，"二战"爆发后，战争形势要求运输业复苏并有所发展。奥纳西斯这项明智而果断的投资见效了。6艘货船顿时成为活动的金矿，奥纳西斯骤然变成一个拥有"制海权"的希腊航运巨头。别人不干的，他干了；别人赚不到的钱，他赚了，而且赚了个够。奥纳西斯除了有钱有势，还向多方位发展，成为当时世界上举足轻重的人物。

二次大战后，当别人又对海运业忧心忡忡、举棋不定时，奥纳西斯又以他的明智和魄力投资于油轮，其速度十分惊人："二战"前，他的油轮总吨位是1万吨，而到1975年时，他已拥有45艘油轮，其中15艘是20万吨以上的超级油轮！

就是这个当年的穷小子——日薪23美分的奥纳西斯成了世界上最大的豪富之一。除了上面那些轮船、油轮，他还拥有8家造船厂、100多家公司以及众多地产、矿山，财产的总额达数10亿美元之巨。

预料时局，抓住冷点，不是每个人都能做到的，当别人都以为赚钱的途径已被发掘得差不多了的时候，只要你善于利用、寻找各种冷门，成功就不仅仅是梦想中的事了。奥西纳斯能够在船业萧条的时候，预测到时局变化会给船运业带来巨大的机遇，果断出击，所以他成功了。

在商海中，"逆流而上"的前提是要判断出别人走错了方向，那样才能趁无人竞争的机会白白捡到大便宜。出奇制胜往往是不随大流的结果。

谋机深解

抓住规律奇正取胜

从长远来看，经济的运行有一定的规律，市场的冷热必然受经济规律的影响。人们往往只是跟在规律之后跑，成功的商人则在冷的时候投资，热的时候收益。

《孙子兵法》说："凡战者，以正合，以奇胜。故善出奇者，无穷如天地，不竭如江河。"

也就是说，大凡作战，一般是以"正"兵挡敌，用"奇"兵取胜。所以善于出奇制胜的将帅，其战法如天地运行那样变化无穷，像江河那样奔流不竭。

奇和正是我国古代的军事术语，所谓"正"，是指指挥作战所运用的"常法"；所谓"奇"，是指指挥作战所运用的"变法"。例如：从正面进攻为"正"，从侧后袭击为"奇"。又如：常规的指挥原则和方法为"正"，随机应变、慧心独创的指挥原则和方法为"奇"。

出奇制胜就是运用特殊的手段，以变幻莫测、出人意料的谋略和方法战胜敌人。

能不能活用奇正之术，出奇制胜，是检验战场上各级指挥员是否高明的试金石。公元前718年，郑国与燕国在北方交战，郑军将三军部署在燕军正面，以"正兵"惑敌。待燕军把主力调到正面来之后，郑军突出"奇兵",偷袭燕军侧后,将燕军击溃。在第二次世界大战中,苏联杰出的军事家朱可夫元帅指挥了著名的巴格拉季昂战役。当时,德军统帅部一致认为苏军将在便于坦克和装甲部队行动的乌克兰地区发起进攻,因此,加强了乌克兰地区的防御,但朱可夫偏偏没有从乌克兰地区出现,而是选择了不便于坦克、装甲部队行动的白俄罗斯的森林沼泽地带发起了突然的攻击,将德军打得大败。

"奇正之术"运用到商业上立刻成了企业家们制胜的法宝。

在热点旁边寻机会

在一座北方城市,水果价格奇高,吸引了众多的贩果大军。

一个年轻的小伙子也来到这里寻找机会。他到热闹非凡的水果市场转了一圈后,一声不吭地离开了。

第二天,这个小伙子租了个三轮车,拉来了一车塑料袋,不到一小时,小伙子的塑料袋就卖光了。

不久,该城市的水果因供过于求,价格回落,很多人都亏了本,只有卖塑料袋的年轻小伙子赚了个盆满钵盈。

一块"蛋糕"的边缘产业附加值也是不可轻视的,会吃的人会把它聚成另一块"小蛋糕",远远强如在大蛋糕上分抢到一小块或者空忙一场。

在美国历史上曾经有过两次"淘金热"。一次是加州（加利福尼亚）找金矿，一次是得州（得克萨斯）找石油。在常人看来，寻找金矿，开采石油才是发财的唯一道路，其他之举都是不务正业。但是偏偏有的"淘金者"能慧眼识商机，平凡出奇迹。

这位美国青年名叫亚默尔。他带着发财的梦想，随淘金的人群来到了加利福尼亚，面对人山人海正在挥汗如雨地寻找、开采金矿的淘金大军，他并没有马上成为他们中的一员，而是东走西看，南巡北察。亚默尔发现矿山气候燥热，水源奇缺，淘金者口渴难忍，常听到人们在抱怨说："要是有人给我一杯水喝，我宁愿给他一个金币。"

说到这里，就要说说热门的带动效应了。一类产品、产业的兴旺，它所能带动的其他产品生产或其他产业的兴旺是间接作用。比如住房消费热，它所能带动的其他产业有建筑、建材、五金、装饰、服务等，无一不从中获益。

亚默尔把淘金者对缺水的抱怨听在耳里，记在心上。他不找金矿而去找水源，找到后，他把水用沙子进行过滤，做成纯净、甘甜的矿泉水，背到矿山去卖给那些淘金者。很快，他的钱袋就鼓了起来。

"物以稀为贵，价以缺为昂。"水，这个地球上多么平凡的东西，在这里却以金币论价。但是，市场是奇妙的，高额收益，很快吸引了很多的人加入供水行列，供求关系迅速变化。当价格回归到水应有的价值上来时，亚默尔已牢牢地把握住了赚钱的机会，带着赚来的许多钱回家乡做生意去了。

另一位因"舍正求偏"而发迹的成功者是世界旅店大王希尔顿。当得克萨斯州发现大油田后，吸引了众多做着发财梦的创业者，希尔顿也是在朋友的鼓动下卷入淘金者行列的。希尔顿与众不同的是他一开始就不是冲着石油去的，虽然石油是主业，但与石油相关的潜在市场是巨大的。有人的地方就少不了吃、住、行，少不了钱财、物资、运输，少不了赚钱的机会。希尔顿最初是带着办一家银行的美梦前往得州的。

但到了得州，希尔顿尝试了一番后，发现办银行的美梦难以如愿以偿。每天听到的都是从油田传来震耳欲聋的、因石油而发财的好消息，好像得州就是石油的天下。

一天，希尔顿来到一家名叫"毛比来"的旅馆想休息一下，发现小小的旅馆尽管已挂上了"客满"牌子，但仍有一大堆人像沙丁鱼似的挤来挤去。人满为患的小旅馆居然8小时轮换一批客人，一天能开三班，生意如此兴隆，而旅馆老板却皱着眉头，一副困苦不堪的神态，抱怨自己没有眼光，当初真不该把所有的钱都投在旅馆上，否则，也能像许多人那样一夜之间成为百万富翁。

老板突然转向希尔顿说："谁愿意买下它我就太感谢上帝了。"希尔顿马上意识到这是一次千载难逢的商机，旅馆老板的石油发财梦已经想疯了。希尔顿压抑住自己的激动心情，想方设法凑足5万美元现金，一举买下这个"毛比来旅馆"。从此希尔顿走上了旅馆业的发展道路，并取得了辉煌成就。

亚默尔、希尔顿最初也只是两位穷人，他们以自己独特的思维加入"淘金者"的行列，"正财"不捞捞"偏财"，他们之所以成功，是既避开了"正财"所面临的激烈竞争，也抢先占领了"正财"所带来的另一个市场。热点旁边也有机会。

谋机深解

做生意最忌亦步亦趋

在市场上,一个产业的兴旺往往可以带动许多其他产业。实际上,越是兴旺的产业竞争越激烈,如果绕过热点在旁边寻找所谓的"温热"点,成功的机会将增加。

做生意最忌讳的是亦步亦趋,永远跟在别人的后面。这些人得来的利润都是人家所赚的零头,根本谈不上发财致富。要想财源滚滚,首先必须标新立异,吸引住顾客,靠什么吸引顾客呢?靠在经营上不断创新,以独特的手法吸引顾客,时时站在时代的潮流之上,一切以顾客为中心。在经营的商品上,要力求少见、稀有,物以稀为贵,不但能吸引顾客,而且还能卖出好价钱。小生意和大买卖相比,在许多方面处于劣势,只能靠独特的经营手法,扬长避短,才能取得成功。

商品新潮,经营独特,加上良好的服务,就会在诸多商家中脱颖而出,顾客反响大,利润自然丰厚。

社会的构成是复杂的,消费者也绝不可能是千人一面的,由于心理或生理的不同情形,他们会有不同的消费要求和愿望。做生意时应当予以区别对待,尽量满足某些特定对象的特殊要求。在创造良好社会效益的同时,或许对于提高你的经济效益也会有所帮助。这是因为目前已经开始出现共同的消费场所过剩,特殊消费的场所不足的局面,一旦你适应了某种特殊消费层次的需求,也就会在商业竞争中站稳脚跟。

补空当也能赚大钱

在美国一所商学院的 MBA 培训班上,一名教授拿了一个空桶放在讲台上。然后把一堆小石头倒入桶中。堆满后,教授问学生:"还能装吗?"

学生们异口同声地回答说:"不能。"

接着,教授又把一些细沙倒入桶内,细沙很快填满了石头所留的空隙。教授又问:"还能装吗?"

学生们看了看满满的桶,纷纷摇了摇头。

教授拿起水瓶,将水倒入桶中。然后转身对学生们说:"市场就像这个桶一样,当你认为装满时,它还是有空当的。"

先知先觉者已经在各自的领域内树立起了一面财富的大旗,后知后觉者则在苦苦寻觅可以插下财富旗帜的山头。在这个越来越成熟的市场中,提供给后来者的机会不是很多,但是就有好多人可以在激烈竞争的夹缝中找到一些被人忽略的盲点,看准了人们生活习惯中蕴藏的商机,果断出击,一跃成为财富新贵。于是乎,这些新贵们都兴高采烈地跑到那些已经插满财富旗帜的山头,倍感荣幸地将自己的那面也插到了上边。

"填空当"是一门大学问。机会的场地虽然看上去似乎已经座无虚席,但只要你挤上去,总会找到立足之地。俗话说"见缝插针",寻找商机必须要有眼光和灵活性。别人横着站,你不妨侧身而立,利用好别人剩余下的空间,你完全可以站得更安稳牢靠。

长沙长富利公司的老板陈子龙被誉为"填空当"的专家，他的成功经验是 12 个字：人无我有，人有我专，人缺我补。这套经验是陈子龙在长期实践中摸索出来的。年轻时，陈子龙只是一个小商人，开着一家小副食店，由于实力薄弱，时时面临着对手的挤压，几番风雨之后，陈子龙终于想出了"填空当"的妙招。

有一天，陈子龙来到开在五一路的分店，发现该店生意很不景气，心里很不是滋味。经过了解，原来在离分店 100 米处新建了一栋百货大楼，招徕顾客的手段高明，客流量大，货源充足，有着许多优势，而他的分店在品种竞争、场地竞争等方面都处于劣势。鉴于这种情况，陈子龙决定利用自身"小"的特点去求发展，他注意到那家大商场的营业时间是早上 9 时到晚上 8 时，这使得一些早出晚归的顾客想买临时需要的商品很不方便，于是，陈子龙调整了该分店的营业时间，将以前的"早 9 时晚 8 时"改为从早上 6 时至 10 时和从下午 3 时至凌晨 2 时两段，使营业时间基本上与那家大商场错开，这种与众不同的营业时间正好满足了那些早出晚归的消费者，起到了"补空当"的作用。

陈子龙的商场不仅从商品品种，货源多少，顾客需求变化上进行考虑，而且注意在时间差、服务手段上突出自身的特点，尤其是别人不太注意的细微之处，他更是通过看、问、比、试，不断发掘可供自己利用的特点，使各家分店在不同的销售环境里勇于创新，不断吸引顾客，提高商店的声誉。

凭着"填空当"这一招，陈子龙在夹缝中求生存，不断发展壮大，终于成为长沙屈指可数的大老板之一。

"填空当"的要点是填补其他商家经营上的空当以吸引顾客，占领市场。陈子龙这一招就是从人们的生活习惯着手,既提高了自己的经营业绩,同时也避免了同对方的无效竞争。聪明人总是能够发现别人忽略或根本不知道的机会空间,并且善于利用开拓。他们独辟蹊径,从小路杀到大路上。由于少了竞争和阻力,他们往往能比别人更有优势,因此也能更领先一步。

董秀打小就酷爱养花弄草。在她家乡的小镇上,家家户户的房前屋后都种满了花草树木。董秀的父亲更是对种养花草一往情深,把自家院落布置得像个大花园。在父亲的影响下,董秀开始钻研花卉的培育。她从小就有一个不大的梦想——开一家属于自己的鲜花店。高中毕业后,董秀仔细地调查了合肥市鲜花市场的行情。她发现,当地鲜花店越开越多,竞争非常激烈,如果涉足,风险很大,成功的机会很小。于是,她把眼光转向盆栽的绿叶植物,一番调查后,她得到了与鲜花市场同样的结论。

商家最忌讳的就是低层次的竞争,干什么都"扎堆",你有我有大家有。市场的容量终究有一个限度,类似的商家越多,利润越薄,发财机遇就无从谈起。

在这种情况下,有没有既美观大方,有品位,又容易养护、生长时间长的花卉品种呢?正当董秀为此苦苦思索时,一篇关于瑞士"拉卡粒"无土栽培技术及其他一些关于水培技术和无土栽培花卉的文章深深吸引了她,看着图片上那些生长在透明玻璃瓶里,在五颜六色的营养液里伸展着可爱的根部的花卉,董秀的心被触动了:"这不正是我日夜寻找的东西吗?"

董秀认真思考起这种花卉的市场前景。不用土、没有异味、没有污染、又不生虫，还能观赏从叶到根植物生长的全过程，正常情况下，半个月左右换一次水就可以了。

现代人生活节奏加快，让人在闲暇之余变得更"懒"了，对越方便的东西越青睐。这就为董秀那让人不费劲就能享受到绿叶鲜花的"懒人植物"提供了机遇。

过去接触过"懒汉鱼"、"懒人发型"等新鲜事物的董秀脑筋一转，"我何不尝试把它叫做'懒人花卉'呢？"

带着深深的喜悦和无比的激动，董秀按图索骥，跑到上海，找到了研究水培花卉技术的工程师。凭着自己的聪明才智，经过几天的学习，她就掌握了这项少有人问津的新技术。

带着"拉卡粒"、"营养液"和胸有成竹的自信，董秀匆匆赶回合肥。在家中，她独自对吊兰、多子斑马等十几个品种进行了两个星期的实验，相当成功。"懒人花卉"在董秀心中深深扎根了。

看准了"懒人花卉"的庞大市场，董秀说干就干，在合肥裕丰花市成立了首家，也是合肥唯一的一家"懒人花卉"培育中心。这个中心拥有大型苗圃，采取连锁经营的方式，在花草鱼虫市场、超市和居民小区等人口集中地区开出分店，为人们美化居室提供服务。

"懒人花卉"一亮相，就受到人们的喜爱，顾客蜂拥而至。位于合肥繁华地带的"轻松咖啡屋"在开业两周年之际，批发了一些"懒人花卉"，放在供客人使用的桌面上。店主说："以前我们像其他地方一样，摆的是康乃馨、玫瑰等鲜花，现在换成能看到根部的紫露草、小天使等，觉得又别致，又有品位。"一些宾馆还在客房的卫生间摆上了"懒人花卉"。

成功后的董秀正计划开展"懒人花卉"出租业务，定期上门为顾客提供精心的养护，让人们花很少的钱就能享受到千姿百态的花卉艺术。

机遇总是垂青于有准备的头脑。董秀出于对花卉的热爱，所以总是关注着这一市场每一丝风吹草动，最终抓住了"懒人花卉"这一契机，培育出了既适应了快节奏的现代生活，又能装扮家庭和办公环境的并且容易培养的新型花卉，给千家万户和许多商家带去了美的感受的同时，自己也靠这个盲点享受到了成功的快乐。

谋机深解

细分市场找商机

空当在某种意义上讲就意味着商机，是利用时间、技术或地域上的种种因素从原有生意中找出尚未开发的部分。补空当在商业中的风险远比开拓新领域要小得多，别人已经把大头的风险和利益占了，你只是拾起被忽视的小部分。实际上这是一种对市场的细分策略。

在现实生活中，人们的需求往往各不相同。企业要找到一群需求完全一致的顾客，是根本不可能的。不同的顾客往往在购买动机、偏好、习惯等各方面，均存在着极其显著的差异，这种差异性决定了市场存在异类性。

市场异类性说明，只要消费者的需要、动机及购买行为存在差异性，这种异类性就不可避免。但是不可忽视的是，在异类性偏好中又往往会存在同类性需求，如人们购买服装时，中年妇女的服装往往要求朴素大方，颜色不能过于艳丽；年轻女子的服装则需新潮别致，色彩搭配往往要渗透青春活力，这就是同类性市场。

同类性市场说明购买者的需求、爱好、购买行为、购买习惯及购买动机具有共同性，也就是说，市场上消费者的偏好大致相同，不存在显著的偏差。

市场细分化就是要把一种产品的整个异类性市场划分为主要方面都趋于同类性的细分市场。市场内部既包含了差异性或异类性，也包括了共同性或同类性。市场细分化就是将市场划分为几个需求相同的购买者"次要集团"，使得任何一个"次要集团"都可成为企业所欲针对的目标市场。凡在市场细分中，每一次被划分出来的"次要集团"都叫做"细分市场"。

市场细分是一个划分不同消费者群的过程，划分消费者的依据则是异类市场上的同类性需求，或者说是异质市场上的同质性需求。

根据市场的异类性和同类性特点，对消费者的需求进行细分，就需要一系列的细分标准。一般来说，凡是构成消费者需求差异的因素都可以作为市场细分的标准。具体可以分为以下几个方面：

（1）地理标准。按消费者所在的地理位置，如某个国家，某个地区，某个城市或某些农村来细分市场。这是传统的划分方法，也是现代市场营销学细分市场的重要依据。由于消费者所处的地理位置不同，气候不一样，对某些商品的需求就不一样；由于消费者所处的地域不同，如高山、平原、泽地等自然条件不同，消费需求也会有差异；由于消费者所处地区人口密度不同，对商品的需求量也不同，人口密度大，需求量也大，否则就小；由于城市和乡村的差别，大城市和小城市的差别，在消费需求上，也呈现许多差别。所以企业从地理位置来细分市场，可以专门生产某一地区或某几个地区消费者需要的商品。

（2）人口标准。在多数情况下，人口标准是细分市场的主要标准。它包括年龄、性别、职业、收入、教育程度、家庭规模、宗教、种族、国籍等细则，按照这些细则，可将整体市场细分为许多小市场。

（3）心理标准。在市场营销活动中，经常产生这种情况，即在人口因素相同的消费者中间，对同一商品的爱好和态度截然不同，这主要就是由于心理因素的影响。消费者的心理因素很复杂，在细分市场时主要参照以下几个因素：①按照消费者的购买动机来细分市场。消费者购买商品的心理活动是十分复杂的，动机也是多种多样的。主要有求实、求廉、求名、求美、求吉、求速等心理动机。动机不同，需求也就不同，因此，可按这些需求的差异来细分市场；②按消费者购买的数量和频率细分市场。可以把某种商品按大量使用、中量使用、小量使用和频率的高低来细分市场；③按照消费者对价格的反应程度不同细分市场，有些消费者注重商品的质量和式样，对价格高低反应并不灵敏；有些消费者主要偏重价格便宜，经济实惠；就某些非生活必需品来说，当价格有一定涨落时，各类消费者的反应也是不同的。这就给企业细分市场提供了标准。

（4）根据行为因素细分。行为因素是有效地建立细分市场的最好出发点。企业根据消费者对产品或产品属性的认识、态度、使用或反应等作为基础将消费者划分为不同的群体。大致说来，行为性因素包括购买动机（理由）、追求利益、产品使用频率与用户状况、品牌忠诚和消费者对营销组合的敏感度等。因为这类分法中消费者与产品直接挂钩，故更为直接易行。

能快一步靠的是谋动在先的头脑

一条沙丁鱼无忧无虑地在海底慢慢地游着。

这时，一条小黄鱼游到它的身边问："你怎么游得这么慢呀？"

沙丁鱼回答："那么快干吗？这里食物充足，附近又没有吃我们的大鱼，没危险。"

话音未落，几条鳗鱼闪电般地从石头后面扑向这条沙丁鱼，一口咬住了它。

鳗鱼们一边品尝自己的美食，一边感叹："今日的世界，不仅大鱼吃小鱼，更是快鱼吃慢鱼。"

新生事物出现之初都是冷点，但能看到冷点变热的前景，就能抢先占领一块新的市场。

"新"、"奇"容易成为人们的兴奋点，因此也往往被有头脑的人作为获取财富的切入口。如果能做到既"新"、"奇"，又确实更进步更高明，对于商家，无疑是拥有了一个最"时髦"的赚钱机器。

新生事物因为其新，所以才吸引众多消费者跃跃欲试，要先试之而后快，每个人就这样抱着猎奇的心态去使用自动售货机，结果可想而知，自然是越来越多的人去尝试，一试而不可收，商家的财源滚滚而来。这就是新事物的魅力。

新事物的潜在价值，还在于善于发掘利用。再好的赚钱机器，如果不能发动运转，它的价值最多也只是供人观赏而已。

李晓华第一次到广州进货，正值T恤衫、变色眼镜走俏，虽然利润丰厚，但他并未为之所动。他来到广州商品交易会陈列馆，站在一台美国进口的冷饮机面前凝视了许久，然后问道："小姐，冷饮机怎么卖？"服务员说："没有货。"

李晓华灵机一动，找到了经理，先交朋友，请他吃了顿饭，又送了几条名牌香烟，这才把冷饮机买下。当他把冷饮机运回北京时，几乎囊空如洗了。

没有多久，就进入夏天了。他把这台新鲜玩意儿，运到北戴河海滨。他向当地人介绍说："这是新玩意，在中国是第一台。如果你们同意，你们出场地、人员，办营业执照，我出设备，赚钱各拿一半。"

于是这个临时的冷饮"合资公司"开张了。来避暑的人们，游完泳了、玩累了或在太阳光底下走乏了，看到这个清爽冰凉的大玻璃罐，都被吸引住了，冒汗排起了长队。五角钱的饮料一杯接一杯，那种清凉甘甜劲儿直沁心脾。这在当时成了北戴河海滩浴场一大景观。

那是一个难忘的夏天。已届而立之年的李晓华实实在在地尝到了成功的滋味。更重要的是，他对自己的商业敏感和决策能力充满了信心。

这个夏天他净赚了十几万元。

商人经商，取得财富，离不开其自身的商业嗅觉和经营头脑；但是总要有能够实现其经营目的的实体，也就是商人的智慧依靠什么来得以体现。有人讲"善假于物"，而有时"物"要比"善假"重要。众人之盲成就你目光之清明，而你目光清明则显示你经营智慧之高超。所以，将目光落在蕴涵无限商机的"物"上，实在是经商的要诀之一。

谋机深解

小资本照样能找到好机会

现代市场的竞争就是"快鱼吃慢鱼"。先行一步，在大家尚未意识到时就投入一种生意中，就能饮得"头啖汤"，狠狠地赚一把。等到众人见有利可图一哄而上时，再抽身退出。用头脑去开创商机远比跟在别人后面捡钱要快得多。对于手头紧张，小本经营的人来说更是如此。在这里，对小本经营者给出几点忠告：

（1）不要拿有限的钱孤注一掷

在商业竞争激烈，一切事业都被几家大公司大托拉斯垄断的时代，大商号好像鳗鱼吞虾一般吞并着小商号的时代，我劝那些没有充分把握的青年，还是不要拿他那笔有限的钱去孤注一掷的好。

如果一个青年没有创业的卓越能力，没有艰苦卓绝、胆大心细的毅力——这些力量不是每个青年都能具备的，那么他自己开创起事业来，要想立得住脚，要想获得成功，真是一件比较难的事情。

（2）资本有限，莫谈竞争

如今开店，创办一个产品，单单广告费一项已很可观了。有几家大公司每年的广告费，就远远超过几家小同行的全部资产。

就拿宝洁公司来说，它每年的广告费用都在几十亿元左右，同时还要拿出相当一部分钱来进行产品的研发。

它的老板在接受记者访问时，承认飘柔、沙宣、潘婷等牌子的洗发水的价格里有1/3是广告费。

与宝洁相似，很多大型百货公司非常舍得投入，它们会请专门的设计人员把橱窗装饰得富丽堂皇，好吸引每一个路人都驻足观赏一下，它们为了博得顾客的欢心，把休息室、饭店、客栈都装饰得好像皇宫一般。

但那些小资本创业者呢？他们的全部资产只够陈列百货公司的一个橱窗，还能够谈得上"竞争"两个字吗？

（3）资本越小对机遇越要注意

经商真是一种伟大的教育，它能训练出一个头脑清楚、目光锐利、能够自给自足的人。

一个有志独立经营的人，他必须永不存有依赖他人的心，他也不能去绕圈子，走冤枉路。他必须完全依靠自己，不求外援，自己支持自己。否则，他还是仍去拿薪水的好。

小资本的创业青年，有许多便宜的地方：他们资本越小，对于机遇也越注意。

因此，他可以抓住许多次小机遇，很快地发展起来。一个能自助的人，谁都愿意帮助他。

人们看见他那样肯吃苦，肯努力，谁都对他肃然起敬，谁都愿意去买他的货品，谁都愿意替他做口头广告了。

一个有成功希望的青年，除了懂得事业经，善于打算，还要为人忠诚，做事刻苦，这样，他即使常常遭遇障碍，缺少资本，但他已具备了成功的条件了。

第二章 从最高点和最低点都能起跳

机会有大有小，抓住机会的起点有高有低。但是，善于捕捉机会的人不管面对大机会还是小机会，不管起跳的平台是高还是低，都能一跃而起，一飞冲天。

把自己"炒"到一个高起点上

动物王国新一轮登山比赛开始了。

按惯例，选手在第一声鸡鸣时从各自的家中出发，先到山顶者为胜。

山羊号称爬山能手，曾在历届比赛中击败了驴子、马等对手，面对这次的竞争者，小不点儿松鼠，它根本没放在眼里。可当它到达山顶时，发现松鼠早已在那里了。

原因很简单：山羊住在山脚下，而松鼠住在半山腰，两者的起点是不同的。

一个企业形象档次的提高,很大程度上取决于其宣传的档次和分量。因为高起点决定高发展,从山腰开始爬山者是从山脚出发的人所望尘莫及的。

1998年岁末,随着席卷全国的《学习的革命》旋风,科利华这家并不十分有名的企业终于浮出水面。一家企业借助一本书打出了全国性的知名度,一时让全国的策划大师们目瞪口呆。与此同时,科利华重组上市公司——阿城钢铁——也正在悄悄进行。翌年,长期蛰伏在最底部的这只"垃圾股"的股价开始飙升,从4元多一直上升到最高时的30多元。

当谜底解开之后,人们才发现,"阿城钢铁"已经摇身一变成了因"卖书"出名的科利华。而科利华接下来的一系列组合拳更是让各路"武林高手"拍案叫绝。策动这一切的正是以量子理论闻名业界的科利华总裁宋朝弟。

宋朝弟借助"革命"的旋风一下子成为家喻户晓的新闻人物。然而,这两件看上去互无关联的事件,却是一整套精心策划的市场战略,这两件事既提高了科利华的知名度,也使企业在"卖书"和"重组"两个战场上大获全胜。

其中,《学习的革命》可说是最成功的利用炒作创造商机的案例。

中国的书市,一向是不温不火的商业领域,在当代几乎没有一个成大气候的书商出现,即使书市掀起波澜,也很少从中看到一个现代大企业的身影。

大企业似乎并不屑于书市中的商机,他们的大资金运作、现代化管理、规模化的营销手段，似乎在书市里施展不开拳脚，展现不出才华。

于是，在中国几乎所有的大公司中，没有一个在图书领域"混迹"。但在1997年底，一家开发教育软件的公司大规模介入图书市场，而且出手不凡，立刻在全国掀起了一场"革命"的潮流，引起轰动。

一夜之间，宋朝弟将他的"科利华"变成"革命"发源地，在全国范围内，策动了一场轰轰烈烈的"学习的革命"。他们为这场"革命"准备了1亿元的资金。

一家企业投入1亿元的资金为一本书的出版作推广，号称要达到1000万册的发行量，乍听起来挺玄乎，但市场的反应却很快让人刮目相看。到1999年4月，《学习的革命》发行量超过了500万册，在近期的图书发行量上创出天量。要知道，在科利华介入图书发行时，正值图书市场极不景气的时期，大多数图书的发行量都低于1万册，能够有1万以上的发行量，出版社的老总就会额手称庆，发行上百万的社科类图书，在图书发行行业已经是多年不遇。科利华后来实际发行《学习的革命》达500多万册，这巨额的发行量可以说是"制造"出来的。

科利华公司自成立以来，虽然在教育软件开发领域小有成就，但在全国公众心目中，并没有多大的知名度，直到推销《学习的革命》一炮而红。

"学习的革命"还远远没有结束。此后不久，科利华又推出了教学软件"英语的革命"，借助《学习的革命》的余波和大规模的广告宣传，这套软件又迅速占领了全国市场。

科利华在推销《学习的革命》一书中投入的资金，有说1亿的，也有说是1000万的，总之那是个天文数字。投入这样大，科利华到底赚了多少钱呢？真实的结果没有公布，但实际上不管科利华卖书赚没赚钱，他们都是大赢家。在短短的几个月中，数不清的媒体在刊登科利华和《学习的革命》一书的消息，知识界和业界也都在不断评论这件事情，就是普通老百姓也把这个事情当成话题来闲聊。有哪一种广告有这么好的宣传效果？又有哪一个广告策划大师能够策划如此高明的创意，让媒体和公众的目光如此集中在科利华公司身上？科利华从一家无名的软件公司成为一个家喻户晓的知名企业，这是直接做广告花再多的钱也不一定能达到的。科利华即使亏了本，所亏掉的钱也比打几个月的广告要少得多。何况，他们还借此机会为未来的网上书店织造了一张密布全国的销售网。

科利华在推销《学习的革命》一书时，不仅仅是把它当成一个商业行为，更重要的是体现行为的广告效果。宋朝弟和他的科利华，在这次行动中不但推销了图书，也推销了公司在社会上的良好形象：投资1个亿的宣传，不就表明公司实力雄厚吗？对《学习的革命》一书所进行的营销亦能表现出公司开拓创新的新气象。所有这些都将科利华公司的企业形象提高到一个较高的层次。

也许，借助对一本书的推销，树立企业形象就是科利华和宋朝弟的初衷。从这个事件本身，已经很难分清楚科利华到底是在炒作《学习的革命》，还是在炒作企业。但科利华自此事件过后，一跃成为全国知名企业。企业的知名度越高，市场机会也就越多，这比投入巨资制造具体的商机境界要高出许多。

科利华以《学习的革命》为切入点，一举进入了资本市场和网络投资这两个当今最为激动人心的领域。这两项操作仍在进行之中，一旦成功，科利华将会达到"巡天遥看一千河"的境界，占据宝贵的制高点。

科利华能够在一夜之间成为国内的知名企业，与其找准了"炒作"的重点有关，许多企业实际上都有"炒作"的要求，也有过"炒作"的实践，但成功的并不多，原因都在于其"炒作"的天平没有找到最合适的支撑点，从而不能给企业一个可以支撑其跳跃的高起点。

谋机深解

在高起点上定位

虽然高投入并非意味着高回报，但高起点行事成功的比率总是大些，特别是宣传上，高投入本身就是炒作点。

一般，广告定位是心理接收范畴的概念，即基于对顾客固有的产品偏好及文化心理需求差异的认可而确定广告诉求对象的行为。

广告定位的基本方法，不是去创作某种与众不同的事物，而是操纵已在人们心中无形的知觉、观念和印象，发现并接合产品与顾客间的关联网节。

从现实看，国内许多企业在广告活动中，目标不明确，广告宣传带有盲目性，这必然达不到预期效果。

人的欲望和需求是永无止境的，旧的需求尚未完全满足，便已滋生新的需求。

以强大的宣传攻势，或借助优越的地理位置，或攀附腕级人物，或搭乘注目事件，在激烈竞争中大造声势，先声夺人，具有强大的吸引力。

竞争者唯有大造声势，进行准确、适时、生动、广泛的宣传，提高企业知名度，增强产品的吸引力，才能达到抢占市场，扩大销售的目的。

20世纪50年代，法国白兰地公司决定打入美国市场，他们把宣传的时间选在了艾森豪威尔的67岁生日上，并通过新闻媒介向美国人进行宣布：法国为了表达对美国的友好，将赠两桶名贵的、酿造了67年的白兰地作贺礼……这些报道，造就了广告宣传的有利态势，吸引了千百万人，当贺礼由专机送到时，竟出现了万人围观的现象，关于名酒驾到的报道，特写挤满了当天报刊。由于人物选择的好，时机好，法国白兰地就在这样隆重的气氛中，走上了美国人的餐桌，使产品宣传取得了成功。

至少先抢占一个制高点

两支敌对的军队在一个河谷相遇，激烈的枪炮声立刻打破了原有的宁静。

在同一时间，东方的一座小山成为双方共同争夺的目标。鲜血洒满了大地，双方的战士一队队的倒下，但这并没有削弱他们争夺那座小山的决心。

几次反复后，其中一方终于牢牢地控制了那座堆满尸体的小山头，居高临下地架起了机枪。而丧失了制高点的另一方，溃败已成为定局。

抢占制高点，不但在实力上胜人一筹，而且在形象气势上也能让人们众望所归。一般规律下，商业竞争中强者愈强、弱者愈弱的原因，就是因为强者抢占了太多的制高点。

美国波音飞机公司就是靠技术领先于竞争对手，抓住一个又一个机遇，成长为全球第一大飞机制造商的。

波音公司创立后的一段时间，主要是靠制造战斗机、训练机来发展业务。第二次世界大战期间，波音公司迎来了第一个黄金时代。当时美国空军要求制造多引擎轰炸机的时候，一些飞机制造公司都把多引擎一词解释为双引擎，而波音公司却换了个角度考虑，雄心勃勃地突破技术难关，设计出了四引擎的巨型轰炸机。"空中堡垒B17"就是该公司的最佳杰作，数年间就生产了12731架，在对德日法西斯的战争中发出了无比的威力，波音之名也由此让世人知晓。

不久，波音又推出了B29重型轰炸机，共制造了4000架，投下了17万吨炸弹及燃烧弹，在日本广岛和长崎投下原子弹的也是这种飞机。因为为美国空军大量制造轰炸机，促使波音公司的业务得到迅速发展。大战末期，其营业额竟高达6.088亿美元。波音公司因此被人称为"不知后退的勇夫"，"像条野牛在向前狂奔！"

从20世纪50年代起，波音公司又集中技术力量，研制并大量生产八引擎的超级空中堡垒 B52 轰炸机。

与此同时，波音公司着力研究喷气飞机。他们认为，随着世界形势日趋向和平方向发展，除了制造用于战争的军用飞机外，还应大力发展民用喷气客机。

当时美国总统肯尼迪曾说："蜗牛步子的航空事业，有损美国的威信。"美国政府决定制造超音速喷气客机，估计需要资金 45 亿美元，拟定仅由一家公司负责，由政府补助 90% 的资金。

当时有不少飞机制造公司竞相争取这一生意，但激烈竞争的结果，唯有波音公司得到了这份任务，因为几乎在同时，他们已投资 1600 万美元在锐意研究了。1958 年 10 月，他们首先推出了波音 707，并立即交给泛美航空公司在纽约和伦敦之间的航线上试航。

当时，美国另一家大公司道格拉斯公司也积极竞争，决定迎头赶上，但他们在时间上迟了整整两年。1961 年，波音公司又推出了波音 727 和 737，使道格拉斯公司望尘莫及。当其他公司在拼命追赶之时，波音公司又推出了超大型喷气客机 747，这种飞机可载客 490 人，若改货物可载 1000 吨。波音公司始终在技术领域中占尽先机，在航空界中一直占有绝对的优势。

牛顿说过："如果说我看得比别人远一些的话，那是因为我站在巨人的肩膀上。"这显示了牛顿作为一个科学家的谦虚精神。而波音以其自身的实力和经历完全可以自豪地告诉世人："如果说我看得比别人远一些的话，那是因为我本身就是巨人！"这话虽然有些狂妄，但事实上确实是这样，因为波音在与对手竞争中在技术领域始终占尽先机。

谋机深解

先人一步便是优势

市场竞争的制高点很多，除了技术，在管理、营销、服务等各个方面，都有占据各个制高点的企业。只要掌握其中之一，便在竞争中有自己的一席之地。

在开发产品方面，与众不同才是产品的生命，然而这种特征一般很难找到。一般而言，所有产品都是经过某种程度的改良而已。

关于开发产品的问题，有一点必须注意，即对经营者来说，凡所投资生产的产品一定要与自己的工厂条件相配合，否则会浪费过多的金钱，而又一无所获。

根据调查，中小企业出现生产新产品的念头，一直到产品上市为止，大体都经过一年半载，其商品寿命都是极短的。大众化的产品的情形也是如此。女性用品的附属品等大约两星期，玩具的寿命也大约只有40多天而已。寿命较长的商品也不过2年左右。目前我们所接触的产品里，80%以上的是10年前毫无踪迹的。若跟以前相比，商品寿命短得惊人。由于商品寿命在缩短，相关的公司寿命也同时在减短，甚至有的公司会跟其商品同时消灭。

由此可知，一个经营者必须常常测量产品的寿命，同时也必须慎重选择其投资方向。

有些公司获得成功，并不完全靠大量的资金做后盾。他们由于资金缺乏，所以才想尽办法苦思赚钱的方法。他们慎重地选择资金投向，尽量生产顾客爱好的产品，来达到谋取利润的目的。

中小公司的生存之道，在于以制造大公司绝对无法模仿的货品为主。

由此可知，中小企业的投资必须以大企业所无法侵入的潜在市场为目标。

决定将你创业的资金投入哪个项目、哪种商品，是一种投资决策。总的原则是，我们在选择投资项目时应考虑这项投资是否有助于实现公司现在的目标和战略，是否能够得到足够的回报。我们应将资金投向那些符合我们经营战略，且投资收益超过资本成本的投资项目。

"大"材"小"用又何妨

一个偏僻地区发生了洪灾，由于道路不通，许多救灾物资无法送到灾民的手中。

从灾区传来的最新消息，广大灾民无以为食，很多人因饥饿而昏倒。

正在负责救灾的官员束手无策时，有人建议出动空军空投食物到灾区。

这条建议迅速被实施了，从表面上看，用轰炸机空投食物似乎"大"材"小"用，但这的确救活了不少灾民。

大材小用的观点很少有人能接受，可偏有精明的商家逆流而动，小游戏动用"大材"，使之有了一个非同一般的制高点，因此让竞争对手无法比及。自然而然，"小"的也就做成了"大"的。

现在大家都知道许多与电脑有关的企业十分成功，如微软、思科、英特尔等等，这些公司都因电脑而在很短的时间成长为世界一流的大企业。微软总裁比尔·盖茨的个人财富曾跃居世界第一，并把那些拥有"百年老企业"的富豪们远远地抛在了后面。

电脑当然应算是高新技术，微软的成功无话可说。但是，有一家日本企业却在这次新技术革命中独辟蹊径，将高新技术平民化，获得了巨大的商机。

世界第一暴发户的日本"任天堂"公司原来只是一个街道小厂，但后来它的税前利润及其经济实力已跃居日本的第三位，公司人均年创利90万美元，该公司成功的秘诀，就是走在时代前面，将高新技术平民化，创造商机。

1975年，日本兴起了电子游戏机热，娱乐产业的各厂家争先恐后投巨资办厂。任天堂也看到这一笔大买卖，不能坐失良机，巨资下注。

1977年，任天堂与三菱电机合作，开发出面向家庭的录像游戏软件，1978年开发出用小型电子计算机操作的游戏软盘；1979年，又开发出大型游戏机。这连珠炮式的发明只是任天堂开发的前哨战，1980年，任天堂开发的液晶电子游戏与数字表盘相结合的游戏表则是一场决定命运的大战。这项技术成果使游戏进入家庭，风靡日本。而任天堂的"傻瓜游戏机"，在人们走入大街小巷或商店，只要往机器里投币，便可以进行游戏，自己和自己"赌博"。"任天堂"傻瓜游戏机轰动了整个美国，成为千百万少年儿童如饥似渴的追逐目标。钱像水一样流入任天堂的腰包。

任天堂发家了，任天堂成名了，但在日本国内市场，电子游戏业仍是群雄混战的"战国"局面，任天堂并没有取得绝对的优势。为了在分析市场、开发商品上占上风，任天堂终于创造了一个市场缝隙，也是一个以技术优势取胜的契机：全力以赴地完成廉价而实用的家庭电子游戏机。它广阔诱人的前景，使任天堂在构筑"游戏帝国"的大道上迈出了决定前途命运最关键的一步。

1993年7月，第一批家用游戏机推上市场，与同行展开激战。同行各厂家展开广告攻势，大肆宣传本厂游戏不只可以游戏，还可以搞计算、搞编排，用于学习，具有多种功能。任天堂反其道而行之，我行我素，公开声称：我的游戏机只一个功能，就是游戏，别无他用。由于功能集中于游戏，别人的价格定在3万~5万日元，任天堂的价格只有1.48万日元。这是一个低得人们都无法相信的价格，上市后马上抢购一空。生产线加班运转也供不应求，其他厂家的游戏机大量积压卖不出去，几乎所有游戏机厂家，在争战中被打垮了。

电子游戏机进入家庭，是电子游戏业的一场革命。它使得只能在街头或店里操作的电子游戏机"飞入寻常百姓家"。因此，任天堂的游戏机独霸市场，长盛不衰。1985年产量突破500万台大关。1989年开发出一种新型的游戏机——便携式游戏机投产上市，1990年又开发了一种清晰画面和更悦耳立体声的"超级游戏机"。技术开发实力，成为任天堂经营战略的最大后盾。从1983年首次推出家庭游戏机起，在10年时间里，任天堂从简单到复杂，从低级到高级，不断换花样，为自己的游戏机设计了106套专用游戏卡，一次次地激发消费者的购机欲望，次次掀起市场热浪。任天堂游戏卡在日本国内累计销售3.25亿个，海外累计销售4亿个。如日中天的任天堂自己也不相信能这么快就发财了。昔日的街道小厂一跃成为世界驰名的"跨国大企业"。

电子游戏机到底具有什么样的价值很难说清楚，将高新技术用于"玩"的目的在有些人的心目中很难被接受，具有这种想法的企业家，当然也就不可能获得任天堂似的成功。孩子们的钱很好赚，这在商界不难达成共识，但其用高新技术去赚孩子们的钱这就要引起争论了；持反对意见的人认为游戏就是给孩子们消磨时间的，根本不需要有那么大的智力投入。正因为他们短视至此，所以才没有像任天堂那样实现"游戏人间"的梦想。

谋机深解

技术是赚钱的媒介

对商人来讲，技术就是赚钱的媒介。只要能开拓出市场，能赚取利润就行。至于怎样用那只是过程。"大材"若是得不到发挥只是"废材"。

（1）娱乐商品的商品生命周期极为短暂，所以必须不懈地努力，不断开发新产品。而开发和决定投入市场的新娱乐商品，不能换汤不换药，务必使它的娱乐性能高于同类老商品。

（2）娱乐需求分金钱消费与时间消费，花钱少的娱乐消费具有强大的市场生命力和广泛需求，是发展方向。

（3）电子游戏业作为新兴的科技型娱乐产业，是电子产业同闲暇娱乐业相结合的产物，既能充分发挥电子业的优势，又能充分满足人们多层次的娱乐需求。

（4）电子游戏业同传统娱乐业的区别就在于消费的配套性：硬件是其基础，没有硬件的普及，再好的软件也无所作为；但若没有软件的不断推陈出新，硬件也缺乏吸引力。硬件和软件的销售可以相互促进、相互制约。

（5）此时的日本电子游戏市场上，所有游戏软件都依附于计算机，大型专业游戏机等价格昂贵的硬件，花费较大。而且，这些硬件要像电视机一样普及到家庭也需要一个漫长的过程。因此，电子游戏业还是需要耗费较多余钱的一种娱乐消费，难以普及。

花钱少的娱乐消费是娱乐需求的一个市场缝隙，是电子游戏业发展契机。

小利润也能造就大富翁

一名到美国求学的留学生，因家境贫寒不得不利用课余时间打工。他在纽约时代广场以帮助别人画像为生，每幅收20美元。他的导师听说后认为不值，但他仍坚持继续画像。

一年之后，这名留学生利用课余时间画了大约3000个美国人头像，所获的收入不仅贴补了自己的生活还有一些积蓄。

他用这笔积蓄再加上所学的知识从事贸易，不久，又跨国经营，迅速积下了巨额财富。而所有生意的起点，都源于他在广场作画的小生意。

许多人不屑于做小生意，认为那种蝇头小利太微薄了。这种人一是看不到"小生意"的发展规模及空间，二是根本没有做大事的胸怀和眼光。而能踏实勤恳做小生意的人，只要有远大志向，肯定会非同凡响。

山西有个农民，人称"花生米大王"，他经销的花生米物美价廉，在当地颇有影响。

这个二十几岁的农民个体户，是从身背一口袋花生米闯进武汉城，逐渐发达起来的。这个农民卖了这袋花生米之后，发现这东西在西安比在武汉好销，但是卖花生米的人也不少。思来想去，他回去以自己最大的力量购了几千斤花生，运回武汉之后，他又发现如果像别人那样经营，他根本赔不起，因为一无店铺二无资本。于是他把这几千斤花生以仅比他收购价高出一点点就出手了。他觉得这种方式很不错，虽然赚的少了一些，但转得快，且总有些赚头，于是他大胆购进10万斤花生米运到武汉，然后毅然将零售价从每斤1.10元降到0.95元。消息传出后，群众蜂拥前来购买，连一些大店铺也争相来他这里进货。从此，武汉的花生米价格也因此稳定下来。后来，他的花生米生意越做越大，终于形成了规模。

一笔生意利润虽少，但生意多了利润积累下来就可观了。

温州有个青年，1985年初，他跑到甘肃一个贫困地区联系校徽标牌业务，跑了许多天都一事无成。原因何在呢？那儿太穷，两角钱一枚的校徽，学生们一是买不起，二是没有那个习惯。这个青年人有些心灰意冷了。这一天，他来到一个建在山梁上的村办小学碰运气，学校的老师很热情，答应订制一批校徽，说是一批，也就是13枚，因为全校师生只有13人。讲好校徽每枚收费1角2分。他自知这是一笔赔钱的买卖，犹豫了片刻，最终还是咬牙答应下来。

这个青年人迅速到乡邮电所花了3.60元发了一个加急电报，请家里在3日内赶制13枚校徽寄到这所村办学校。

开模具、制作、寄包裹，这13枚校徽寄到这个小学时，仅成本就花了70多元，而收费只有2.60元。

几个月之后，恰逢乡上举办中小学生运动会，这所山梁上的村办小学的12名学生和1名老师戴着亮闪闪的校徽走进了运动场，看着他们胸前引人注目的校徽，其他学校的学生眼馋得不行，当时就缠着自己的老师也要戴校徽。后来由乡里出面为全乡数千名学生从青年人那儿订制了漂亮的校徽。

受此影响，戴校徽之风刮遍了全县。一年之后，包括邻近县的中小学校的学生几乎都戴上了青年人代为订制的校徽。他又趁机在甘肃继续推广校徽标牌，开拓了一个长期大市场，此后一年他就在甘肃有十多万元的稳稳进账。

司马迁说过："贪贾三之，廉贾五之。"意思是说，贪婪的商人要价高，让利少，所以没有人买货物，因而得利就少；而"廉贾"则不然，他让利一半，价格虽低，但卖得多，销路好，这就是"薄利多销"的道理。起点低乎哉？不低也！目光短浅的人总是很难克制自己的贪婪，只有真心让利换取信任，才能带来更大的回报。

谋机深解

不要想一口吃成胖子

小生意利润虽薄，但做得多了也能积少成多。众蚁啃象，靠的不就是汇小成多的力量吗？

很多生意人就是这样，"心比天高，命比纸薄"，瞪着贪婪的眼睛，纠缠在利益上，到头来却什么都得不到，因为他总想着一次就能大捞一把。出于这个目的，他会把投资做得很大，把摊子铺得很宽，还会在时机尚未成熟的时候扩大规模，而这一切无非就是想把网撒开捕捞大鱼，希望一夜就能赚足一生享用不尽的财富。这种近乎急功近利的心态和想"一口就吃胖"的贪婪往往让人失去更多，而不是得到更多。

做生意一次不要贪多，要懂得知足。比如，你是一个跑业务、做推销、搞发行的生意人，也许你的产品和服务确实很好，而且你也有出色的说服技巧，客户已经有合作的倾向了，但是出于自身实际情况的考虑，他需要的数量有限，一次性能带给你的利润也有限，如果你还是不满足，继续游说，希望能做成更大的买卖。一旦你在言谈中流露出的贪婪引起了对方的反感，他就有可能打消和你合作的念头，更糟糕的是，你从此将永远地失去了这个客户。

做生意就是这样，存有贪婪之心，或者急功近利，或者好高骛远的人都不能取得预想的目标。首先，有这种想法就说明这个生意人缺乏长远的打算；其次，这种人对自己的实力认识不清；再次，合作伙伴会因为他的贪婪而取消合作计划，没有人会喜欢和一个只想独吞利益的人做生意。一旦你忘记了"有钱大家一起赚"的信条，你的生意就陷入了孤立无援的境地。

如果你因为贪婪而大败，你不必埋怨别人对你的坑蒙拐骗，因为那就证明你具备了吸引骗子和谎言的亲和力。要避免这样的尴尬，首先就要放弃"一口就要吃胖"的想法，因为正当的利益追求并不是"肥身而不养心"。金钱和财富可以让你生活得更好，够用就行，而身心健康却是人最本质的东西，为什么要为了那些身外之物而牺牲自身的安宁和人格的高贵呢？

用低点作为高点的敲门砖

两家药店坐落在一条街上，为了争夺顾客，双方展开了一轮又一轮的价格战。

长期竞争的结果使利润降至最低点甚至亏本经营。为了弥补亏空，其中一家以低劣的原料做药，但不久便被曝光；而另一家则即使亏本也选上等原料。

市场是最公正的评判员，进低劣原料的药店由于顾客的不信任再也无法立足,而另一家则因质量上乘,生意蒸蒸日上。

经商能"低"是好事,但只会傻乎乎的"低"并不能带来好处,"低"要讲方法,让它能为自己在形象、口碑、实际利润空间上赢得有利影响,这样,才不枉"低"一回。

岛村芳雄生于日本一个贫困的乡村。年轻时,他背井离乡来到东京谋生,在一家材料店当店员,每月薪金只有1.8万日元(当时约合人民币180元),还要养活母亲和三个弟妹,因此时常囊空如洗。

后来,为了扭转贫困的状况,岛村芳雄想自立门户创业。创业无疑是艰难的,资金问题就一直困扰着他。最后他决心硬着头皮向银行贷款。但是,有谁会愿意将钱贷给一个吃了上顿愁下顿的穷光蛋呢?结果,岛村拜访了多家银行,得到的只是嘲笑和白眼。但岛村并没有因此而气馁,他选定一家银行作为目标,一次又一次地提出贷款申请,希望人家大发善心。

苍天不负苦心人。前后经过3个月,到了第101次时,对方终于被他那百折不挠的精神所感动,答应贷给他100万日元。当亲朋好友知道他获得100万日元银行贷款时,也纷纷向他伸出了援助之手,最后,岛村芳雄总共获得了200万日元的借款。于是他辞去店员的工作,成立"丸芳商会",开始了贩卖绳索业务。

在借钱期间,岛村芳雄发现了一个秘密,要借钱的人肯定都是钱不够或不多的人,但有些人明明也没什么钱却能顺利地借到钱,原因是人缘好、口碑好,他认为一个人只要口碑好了,那借钱的机会就会随之而来,岛村芳雄是个执着的人,他终于想出了一个妙法,并希望着这个妙法会给他带来日后的商机。

首先，他前往麻产地冈山找到麻绳厂商，以单价0.5日元的价钱大量买进45厘米长的麻绳，然后按原价卖给了东京一带的纸袋加工厂。这样做，不但无利反而损失了若干运费和业务费。但这并不是他缺乏经营头脑，而是他在运用欲擒故纵，由小而大之计。

亏本生意做了一年之后，"岛村芳雄的绳索确实便宜"的声名远播，订货单从各地像雪片一样纷纷飞来。

于是，岛村芳雄按部就班地采取下一步行动。他拿进货单据到订货客户处诉苦："到现在为止，我是一毛钱也没赚你们的。如果让我继续为你们这么服务的话，我便只有破产这条路可走了。"

客户被他的诚实做法深深感动，心甘情愿地把每条麻绳的订货价格提高为0.55日元。然后，他又到冈山找麻绳厂商商量："您卖给我一条绳索0.5日元，我一直照原价卖给别人的，因此才得到现在这么多的订单，如果这种无利而且赔本的生意继续做下去的话，我的公司只有关门倒闭了。"

冈山的麻绳生产商一看他开给客户的收据存根，也都大吃一惊，这样甘愿不赚钱做生意的人，他们生平还是头一次遇见。于是不假思索，一口答应将单价降到每条0.45日元。

这样，一条绳索可赚0.10日元，按当时他每天的交货量1000万条算，一天的利润就有100万日元，几乎是他以前当店员时5年的薪金总和。

两年过后，岛村芳雄已名满天下，成为国内外知名的大老板。

信誉需要培养，口碑需要营造。世上没有免费的午餐，也没有凭空而来的口碑，一个企业的发展，如果能做到有口皆碑，自然会有顾客频频光顾；如果信誉不好，口碑极差，则可以让企业走入万劫不复的绝境。岛村芳雄找了个"低点"，运用"口碑效应"，把自己的小生意做出了大场面。

谋机深解

先赚口碑后赚钱

开拓市场并非易事，用暂时的牺牲换回别人持久的合作是生意做大做强的方式之一。"低"是为了争夺将来的"高"，选择好方法把握好度是关键。

岛村芳雄做生意还真有一套，他可谓是把"先予后取"用得活灵活现的典型。俗话说"舍不得孩子套不住狼"，岛村芳雄的做法就是先牺牲一年的运费和业务费来赢取好的信誉，最后趁机提高售价、降低进行赚取大钱的。"先予后取"的用法很简单，不外乎就是先吃小亏后赚大便宜，难的是对世态人情的理解。因此，对于那些对人性人情没有深刻认识的人来说，一般都不敢使用这个方法，即使用了，也会心存疑虑，畏畏缩缩，总担心送出去了就收不回来。结果，当然达不到预期的目的。

当然，只要掌握一定的技巧，"先予后取"是可以运用得出神入化的。那么，我们具体该如何操作呢？

首先，要选择信誉较好、有长期业务来往的客户为发展对象，如果是一锤子买卖就用不上了。

其次，要做到先微利或无利经营，待稳定关系打出信誉后才相机取利。

另外，假如你是开零售商店的，那对此法则需要有所变通。例如：你估计到某种商品销售前景较好，可先以低价售出吸引顾客，以后再相机提高价格。又如：在节日，可先掏点小钱准备一些气球、精美小卡片之类的小物品，作为礼物免费送给光临本店的顾客，以联络感情，赢取更多的回头客。

中篇 谋术

战术对头必能事半功倍

商人必须是个战术家：机会来了怎样抓住抓紧？方向确定了，面对复杂的局面，如何才能跨越荆棘，安全地抵达终点？情况变化了，如何巧于周旋以变应变？谋术是执行的学问，是解决具体问题的手段，是灵活多变、对症下药的应对思路。经商过程中战术对头，就可以少走弯路，赚钱自然水到渠成甚至事半功倍。

第三章 千方百计战胜竞争对手

商人作为战术家的一个重要使命就是战胜竞争对手。做生意离不开竞争，越是赚钱的生意、成熟的行业竞争越激烈。谋术在这里就是谋打击对手、赢得竞争之术。当然，打击对手要用合法的手段，通过正当的竞争让自己变成一条畅游海中的大鱼。

会做价格的别样文章

一位老人在一个小乡村里休养，但附近却住着一些十分顽皮的孩子，他们天天互相追逐打闹，喧哗的吵闹声使老人无法好好休息，在屡禁不止的情况下，老人想出了一个办法。

他把孩子们都叫到一起，告诉他们谁叫的声音越大，谁得到的报酬就越多，他每次都根据孩子们吵闹的情况给予不同的奖励。到孩子们已经习惯于获取奖励的时候，老人开始逐渐减少所给的奖励，从1美元降到70美分，又降到50美分，再降到30美分，最后无论孩子们怎么吵，老人一分钱也不给。

结果，孩子们认为受到的待遇越来越不公正，认为"不给钱了谁还给你叫"，再也不到老人所住的房子附近大声吵闹。

竞争中能脱颖而出的无疑是谋术的高手，这些高手常用的高招就是在价格上做别样文章。

北京同仁堂在中国的制药行业中享有崇高的地位，100多年来它的牌子经久不衰。为什么同仁堂能拥有不败的神话？看看该企业采购员在河北安国市采购药材的事例，就可看出他们的出手不凡。

他们一到安国，并不急于透露自己需要采购什么，而是先注意收集有关信息。他们往往开始只是多少购进一点比较短缺的药材，以"输出"一些"信息"。

例如：本来需要购进10000斤黄连，他们往往只买进100斤上等货，而且故意付高价。"价高招远客"，外地的药商药农闻讯，便纷纷将黄连运到安国。

这时，同仁堂的采购员却不再问津黄连，而抓住市场上其他滞销的而又必须购买的药材大量买进。等其他生意做得差不多时，又突然返回来采购黄连。此时，他们已得到信息反馈：黄连由于大量涌进市场，形成滞销之势。各地来的药商，为了避免徒劳而返，多耗运输费用，或者怕卖不出去亏本，都愿意降价出售。

经过这一涨一落，同仁堂就大量收购市场上各种滞销的药材。药商们吃了亏，影响到第二年药农的积极性，自然就会减少产量。同仁堂的采购员们又能够预测到明年。这样一来，这些减产的药材第二年又会因大幅度减产而价格暴涨，而这时同仁堂的库存早已备足，并且他们可以得到与上次信息不同的反馈信息，针对其中某几种情况输出新的信息，随事物发生的影响变化取得反馈，对此进行思考分析后，他们又可以控制市场了。

像上文那样，如果能布下价格陷阱，自然更容易占到便宜，但问题的关键在于，生意场上的每一个人都不是白痴，又有谁会轻易地上当呢？如果能将自己的陷阱进行适当美化，才有可能吸引众人的视线。达到自己的目的。石油大王约翰 D·洛克菲勒就曾布下这种陷阱，让大批的原油开采者纷纷中计。

1973 年 10 月，阿拉伯产油国因为中东地区发生的战乱，采取了大封锁政策，于是，西方发生了"石油危机"。当时美国大型石油公司在艾克森公司带头之下，把每桶原油的价格从 3.5 美元提到 20 美元。

石油原产地开采者马上一哄而上，石油生产量由原来的日产 12000 桶上升为 16000 桶，结果，生产过剩，市场行情又开始暴跌。

生产者同盟发现生产过剩的严重性之后，立即决定在半年内不准开采新油井，如果半年后还不能解决生产过剩，就再封锁 30 天。

这个限制生产石油的措施，给"下游工程"——炼油企业造成严重困难。没有原油，还炼什么？这时，洛克菲勒突然宣布：高价收购石油，每桶 4.75 美元，数量不限，有多少收购多少！

谁也不知道他葫芦里究竟卖的是什么药，但谁也无法不对每桶 4.75 美元的高价怦然心动，大批的石油生产者在利益的驱使下，闻风而至，早把"自我约束"抛到脑后，同时，洛克菲勒派出大批掮客。

掮客们个个能言善辩，口里像抹了蜜，他们皮包中塞满了现金，四处游说，肆意怂恿：

"美孚石油公司每天将以现金收购15000桶石油，快和美孚石油公司签约吧。"

同盟方面也并非毫不知晓，他们拼命劝止那些利欲熏心的原产地的业者：

"美孚石油公司是条大蟒蛇，大家千万不要上当！"

可是原产地的业者对这些警告充耳不闻，因为诱饵实在太迷人了！

这些原产地业主们看也不看，便轻率地订了合同。为了应付这突如其来的好景，他们又纷纷开采新油井，可是在签订的合约中美孚石油公司并未保证永远保持4.75美元的价格，狡猾！

由于石油行情的变化是不定的，因此无法预测市场的价格变化，因为供需变化的状况无法确定。洛克菲勒当然不会白白做出蠢事，他这招果然迅速瓦解了生产者同盟的防线。他们不顾"限制生产原油"的那一纸同盟书，纷纷起动大量开采原油，开发新井……

可当美孚石油公司保证每天购进15000桶石油，并已购进20万桶之后，突然宣布中止合约，维持了两星期的抢卖热潮遂告结束，原产地的火也熄灭了。对此，原产地业者纷纷要求作出解释，美孚石油公司答复：

"供过于求的状况已打破了历史上最高纪录，这是你们的责任，因为你们大量到处抛售原油。现在我们可以出价每桶2.5美元，到下星期如果每桶高于2美元我们就不买了！"

实际上，原产地方面在洛克菲勒提出每桶4.75美元的价格后，各家疯狂扩采，等到发现阴谋，日产量已高达50000桶，因此，事到临头，他们没有办法，又不能解约，他们最后的命运是一样的：破产！而洛克菲勒布下陷阱又一次套到了猎物！

洛克菲勒的陷阱从表面上看上去的确相当有诱惑力，所以才有那么多的人不顾一切地纷纷往下跳。洛克菲勒正是利用一些人贪婪的心理特征，巧妙地装饰自己的陷阱。而那些只顾表面而不顾实际的原产地业主们，则成了美孚石油公司的牺牲品。

谋术深解

玩价格技巧要先吃透价格底细

在价格上玩技巧，是商界老手常用的招数之一。具有诱惑力的价格是打动商人的关键因素，因此会让精于此道者从中大获其利。

然而，玩价格技巧又实在是一种高风险的行为。因此，在开玩之前，自己必须在这方面深明其理。

一般来说，顾客在一个店中看了所定的价格，再去别的店中看过后会做出一种判断。因此，作为商家，应该首先懂得采购时的价格设定"原理"。是否能卖出去，亦即是否能提供给顾客有魅力的价格是采购商品的标准。

那么利润又如何呢？当然就会产生这样的疑问。实际上，这里必须谈谈采购政策的要点和难题，在确保适当利益的同时，要满足上述的标准需要艰苦的努力。

另外还应再谈一点采购的标准，这就是预先搜寻、采购明天的主要销售商品，也潜藏着变色、腐坏的危险。

另一方面，从营业上来看，过早采购商品就不能与代理商相联系，商场会单调化。

特别要注意的是，以预测为根据的投机式采购，在希望以健全经营为目标，服务于社会的今天不是应有的策略。

相反地，采购时期过晚更会产生放款麻烦，使努力化为泡影，招致失去重要的机会。

以上只是"适当时期"中的简单的东西，实际上操作起来是很难的事，为了成功设定，必须十分慎重地制定"采购计划"。而且，即使制定了缜密的采购计划，根据气象条件、地理位置、环境等微妙的变化，销售也要变化，于是有时采购计划也必须做大的变更。

对于正在经营周期短、变化快的专业店的经营者来说，设定适当采购时期的前提，是经常性地对店铺存货进行清理。日本商界有句俗话叫"清点存货等于是健康检查"，经营者如何为店铺这条船掌好舵，全在清点存货做得确实不确实。存货清点不仅仅是为了解商品库存量的多少，在这项工作的进行中，还可以了解商品从进货到出货的替换次数，即周转率、是否缺货，以及什么商品好销、什么商品滞销等等，而这些信息都是设定采购时期所需考虑的重要因素。这些理论，是老老实实的"正道"，但玩价格技巧者却应首先懂得此理，否则，就有可能因玩得太虚而失手。

警惕对手设下的陷阱

一只狐狸失足掉到了井里，不论他如何挣扎仍没法爬上去，只好待在那里。公羊觉得口渴极了，来到这井边，看见狐狸在井下，便问他井水好不好喝？狐狸觉得机会来了，心中暗喜，马上镇静下来，极力赞美井水好喝，说这水是天下第一泉，清甜爽口，并劝公羊赶快下来，与他痛饮。一心只想喝水、信以为真的山羊，便不假思索地跳了下来，当他咕咚咕咚痛饮完后，就不得不与狐狸一起共商上井的办法。狐狸早有准备，他狡猾地说："我倒有一个方法。你用前脚扒在井墙上，再把角竖直了，我从你后背跳上井去，你再上来，我们就都得救了。"

公羊同意了他的建议，狐狸踩着他的后脚，跳到他背上，然后再从角上用力一跳，跳出了井口。狐狸上去以后，准备独自逃离。公羊指责狐狸不信守诺言。狐狸回过头对公山羊说："喂，朋友，你的头脑如果像你的胡须那样完美，你就不至于在没看清出口之前就盲目地跳下去。"

能在商场上打拼的都不是凡夫俗子。防人之心不可无。很多对手为了谋利，往往不择手段，动心机，设机关。你一旦掉在对手的机关里，也就在劫难逃了。

日本在"二战"后的几十年里飞速发展，迅速跨入了发达国家的行列。一方面是由于其国家政策的引导和支持所致，另一方面也是和日本企业家杰出的经营能力分不开的。这些企业家往往能通过一些富有本民族特色却又"别有用心"的服务，使一些自以为聪明的客商一步步走进他们的圈套，直到最后才会醒悟，但有利的时机早已错过。

中篇 谋 术
战术对头必能事半功倍

一次，一位喜欢分析日本人精神及心理的美国商人，因生意的需要前往日本谈判。

飞机在东京机场着陆时，他受到两位日方职员彬彬有礼的迎接，并替他办好了所有的手续。

简单的寒暄之后，热情的日本人问道："先生，您是否会说日本语？"

"哦，不会，不过我带来一本日文字典希望能尽快学会。"美国人回答道。

"您是不是非得准时乘机回国？到时我们安排您去机场。"日本人又问。

对此不加丝毫戒备的美国人对日本商人的体贴周到非常感动，赶忙掏出回程机票，同时反复说明他到时必须离开日本回国。

于是，聪明的日本人知道美国人只能在日本停留14天，只要让这14天时间牢牢掌握在自己手中，他们就占主动地位了。首先，日本人安排异国来客做长达一个星期的游览，从皇宫到各地风情都饱览了一遍，甚至根据美国人的癖好，还特地带他参加了一个用英语讲解"禅机"的短期培训班，声称这样可以使美国商人更好地了解日本的宗教风俗。

每天晚上，日本人都会让美国人半跪在冷硬的地板上，接受日本式殷勤好客的晚宴招待，往往一跪就是四个半小时，令美国人厌烦透顶，叫苦不迭，却又不得不连连称谢。但是，只要他一提出进行此次的商务洽谈，日本人就会搪塞说："时间还多，不忙，不忙。"

日子就一直这样过去了。

第12天，谈判终于在一种胶粘状态下开始了，然而，下午安排的却是高雅的高尔夫球运动。

第13天，谈判又一次开始，但为了出席盛大的欢送晚会，谈判又只能提前结束。晚上，美国人已经急得像热锅上的蚂蚁，但有气不打笑脸人，面对日本人的客气和笑脸，美国人只得强装笑脸，听从日本人周密细致的安排，把晚上的时间花在娱乐上。

第14天早上，谈判在一片送别的氛围中再次开始，本应在长时间内妥善完成的谈判压缩在半日内进行，其仓促是可想而知的。正当谈判处在紧要关头的时候，轿车鸣响了喇叭，前往机场的时间到了。主客只好急卷起协议草案，一同钻进赶往机场的轿车，在途中再次商谈合作的具体事宜。就在汽车抵达机场，美国客人就要步入机场通道的时候，双方在协议书上签了字。双方握手道别，美国人终于完成自己此行所负的责任。

然而，不久之后，当美国商人在履行协议时才发现处处不对劲，己方处处吃亏，这才醒悟过来：原来日本人对此早有准备，只不过是一切阴谋和计策都隐在他们那永恒不变的笑容中罢了。美国人这次亏吃得不小，可又无法说出，正是哑巴吃黄连，有苦说不出。

谋术深解

要会防"心机"

商海中，每前进一步都必须小心谨慎。很多时候对手笑脸相迎，殷勤款待，其实那不是热情，而是阴谋上的遮掩布。

茫茫商海之中大潮汹涌，而在潮水之中难免鱼龙混杂。经营者涉足其中切不可天真烂漫，一味地想着赚钱发财，而掉以轻心，没有最起码的戒备心。因为生意场上虽大多为君子，但也不乏骗子，刺探商情的探子无时无处不像幽灵一样飘荡在你的周围。

在五彩斑斓的社会里，在错综复杂的激烈的竞争场上，骗子的脸上是没有写字让人们辨认的，相反却穿着非常美丽的外衣，巧舌如簧，每时每刻都可能活动在你的身边，随时随地都可能把灾难降临到创业者头上。他像一个黑色幽灵，活跃在你的经营活动里，若隐若现，明来暗去，像埋伏在经营者周围的敌人，时刻都可使你遭到不测，甚至使你破产。面对如此的商场竞争，经营者若耳闭目塞，头脑反应迟钝，对付骗子没有起码的戒备心，上了当、受了骗，有时自己还蒙在鼓里不知道呢。

没有戒备心，对自己的投资不加分析、思考，往往就会糊里糊涂地上了骗子的贼船，被掀翻在商海中。有一位经济学家曾这样说："不要迷信号称有极高利润的经营项目，实际上有百分之十的利润已是十分有利可图的了。越是获利高的经营项目其风险性就可能越大。"可见，经营者投资之前，看准对方的经营实力是最关键的。对于无雄厚资金却试图通过"集资"来经营的人应多加防范，不了解某种经营项目的行情，就千万不能光凭对对方的"好印象"而投资（除非有足够的事实让人信服）。欲获利，失去了必要的戒心。其实稍微谨慎点，琢磨一下长城公司所占生产的可靠性，成功的保险系数，高利的偿还能力，便会识破长城公司的骗局，或者至少不会贸然投资那么多了。

没有戒备心，对自己的合作者不加防范，到头来也时常吃亏。不过，经常提防与自己合作做生意的朋友、同事，看起来似乎不够义气，但有时实在是不可避免的。人常说"防人之心不可无"，作为经营者，临事三思而后行还是好。因为在商场面临"利"字当头的选择时，有许多人，哪怕是好朋友，甚至父子亲戚背叛的也有。这一点，应当为商海中人时刻牢记心头。

利用对手破绽

一头野驴在奔跑的途中腿上被荆棘拉开了一条口子，鲜红的血从伤口里流了出来。

吸血蝠闻到血腥味飞了过来，贴在驴子的伤口上。起初，驴子会本能地抖动身体或用尾巴去驱赶，但吸血蝠用细小的舌头轻轻地舔野驴，使它产生一种麻丝丝痒乎乎的快感，野驴就不驱赶吸血蝠了。

一只吸血蝠吸饱了后飞走了，又会飞来另一只继续吸。不久，野驴在不知不觉中被吸干血而死。

商业利益的双方斗智斗勇，谁能多算一步，谁就能笑到最后。

20世纪70年代初，日本政府为了促进贸易，出台了允许预付款和解除合同的规定。这就给严格的外汇管理制度造成一个漏洞。犹太商人看准时机，利用外汇预付和解除合同这一手段，轻而易举地赚走了日本政府的几千亿日元，让日本尝够了犹太商人所带来的苦头。

1968年前后，因为日本经济正在高速发展，而且出现大量的外贸顺差，日元在西方金融市场上日益坚挺而美元则日显疲软。美元与日元的比值出现重大变化的契机越来越近了。日本的外汇储备即美元储备越来越多，就是重要迹象之一。

1970年8月，日本的外汇储备才35亿美元，这是日本全体国民战后25年中辛勤工作的积蓄。可是，从该年10月份起，外汇储备开始成亿成亿地向上爬升。先是每月2亿，继之12月份出现4亿美元的盈余，1971年3月出现6亿盈余，5月结余12亿，8月甚至结余46亿。单8月份一个月的外汇积累就比战后25年的积累还多！

于是，在一年的时间里，日本的外汇储备由35亿猛增到129亿，最后达到150亿美元。

对此，虽然有些人也感到有些出乎意外，但是日本政界、新闻界，还有商界中的大多数人，陶醉于良好的自我感觉中，光往好的方面想："这是日本人勤劳节俭的象征，积攒下这么多的外汇，全是因为日本人的勤奋工作。"

然而，犹太商人却在不停地调集一切资金，抓紧时机向日本大量抛售美元。他们知道，日元的升值是迟早的事情，只要日本的外汇储备超出100亿美元的大关，这个时刻便会来临。美元对日元汇率如此大幅度的变化，绝对是一个发大财的机会。因此，有些犹太商人甚至向银行贷款来向日本抛售美元，他们预测，即使支付银行10%的利率，仍然大有钱可赚。

反应迟钝的日本政府对于犹太商人的动作却视之如无物，一直弄不明白是怎么回事，国会只知道辩论这些流入日本的外汇会不会对日本经济造成危害，有些议员还似乎理直气壮地说道："外国人搞投资，绝对赚不了钱，即使赚了钱，也要纳税。"他们不知道，虽然犹太商人对缴税索来认真，但身在海外，他们也"没有办法"向日本政府纳税。

不过，也不能说日本政治家的如意算盘完全地打错了。想在外汇市场上搞买空卖空式的投机是不可能的，因为日本有严格的外汇管理制度。但是，他们没有想到，从他们眼里看上去如此严密的外汇管理制度，从犹太人那边看过来，却有一个大漏洞，这就是当时的《外汇预付制度》。

在战后特别需要外汇时期，日本政府颁布了《外汇预付制度》。根据此项条例，对于已签订出口合同的厂商，政府提前付给外汇，以资鼓励；同时，该条例中还有一条规定，即解除合同是被允许的。

通过综合利用外汇预付和解除合同这一手段，犹太商人就堂而皇之地将美元卖进了实行封锁的日本外汇市场。他们采取的办法是：犹太商人先与日本出口商签订贸易合同，充分利用外汇预付款的规定，将美元折算成日元，付给日本商人。这时，犹太商人还谈不上赚钱。然后等待时机，等到日元升值的时候，再通过解除合同的方式，让日本商人再把日元折算成美元，还给他们。这一进一出两次折算，利用了日元升值的差价，便可以稳赚大钱。

直到外汇储备达到 129 亿美元时，日本政府才如梦方醒，意识到有可能中了这种诡计。到 8 月 31 日才宣布停止"外汇预付"，不过，还留了一个尾巴，允许每天成交 1 万美元。此时，犹太商人手中的流动资金差不多利用殆尽了。

最后，当外汇储备达到 150 亿美元时，日本政府不得不宣布日元升值，由 360 日元兑换 1 美元，提高到 308 日元兑换 1 美元。

这意味着，犹太人向日本每卖出买进 1 美元，就可以毫不费力地赚取52日元，盈利率大大超过10%，几乎达17%。犹太商人事先的估计没有丝毫偏差。

据粗略估计，日本政府的损失高达4500亿日元，平均每个国民要承担差不多5000日元。其总值和日本烟草专卖公司一年的销售额相差无几。其中大部分是给犹太商人赚去的。

犹太商人巧用了日本政府颁布的允许预付款和解除合同的规则，获得了丰厚的利润。犹太商人的成功说明生意人在做生意过程中，既要遵循生意场上的规则，但又不能让"规则"这些条条框框规定死。生意要越做越活，而不是一成不变地任凭单一的模式从头走到尾，那样最终导致的结果，只会是失败。

谋术深解

不要拒绝向对方敞开的"金库"中伸手

《孙子兵法》首篇就做出了"兵者，诡道也"的结论。诡在何处？孙子举例道，所谓"诡道"即是诡诈多变，隐瞒意图，欺骗敌人，以便取得战争的胜利。孙子举了许多例子说明诡道之意，"能而示之不能，用而示之不用，近而示之远，远而示之近。利而诱之，乱而取之，实而备之，强而避之，怒而挠之，卑而骄之，佚而劳之，亲而离之。"搞了这么多"诡道"，目的在于"攻其无备，出其不意"。

商品只有一个属性，那就是增值、生钱。而对于生意人来说，"诡"的关键就在于抓住对方的破绽，不失时机地狠狠赚上一把。做生意过程中，谁都难免会有大意的时候，细心找出对方的破绽，利用它为自己谋利。

最有经营天赋的犹太人就认为，创立公司无非是为了赚钱，只要能赚钱，出售自己的公司也是一种商业形式。同样的道理，对手出现破绽，就等于是给你制造了一个赚钱的机会，难道还要在犹豫中错失良机吗？

非常时期可用非常手段

甲、乙两个公司同在竞争一单数额巨大、利润丰厚的合同，甲公司主动向乙公司伸出橄榄枝，以看起来十足的诚意提出由甲方单独与对方签合同，然后双方共同分享这笔业务。乙方同意了，甲方得以顺利地签下合同，但之后乙方发现，甲方根本没有分享的意思——甲方独吞了这笔业务。

许多成功的企业家，在残酷的商战中，必要时往往也暗中采取非同一般的竞争手段。

美国有一个生产轮胎的公司叫圣力公司，想让它的"圣力"牌轮胎一举占领东南亚市场。最后，它把眼睛盯到了新加坡。

当时圣力牌轮胎一进入新加坡市场，首先面临的是由陈嘉庚先生所开设的"明日"牌轮胎厂的挑战。但由于陈嘉庚的"明日"牌轮胎生产起步较晚，且当时从资金、技术上都比圣力公司差许多，尤其在生产成本上，"明日"轮胎比"圣力"高近1倍，所以种种因素都致使"明日"公司非常不利，新加坡的轮胎业危在旦夕。

圣力牌轮胎厂在新加坡市场推出的"圣力"牌轮胎，每只只售20新元，而且允许零售商们延期3个月付款；而当时陈嘉庚先生公司生产的"明日"牌轮胎，每只却售价50新元，其竞争的劣势显而易见。况且"圣力"牌轮胎结实、耐久，在欧美市场上都相当有名，而"明日"轮胎别说在国际市场上鲜为人知，就是在新加坡知道的人也不多。在这种情况下，"圣力"公司又采取了多种市场营销手段，其目的就是蚕食掉新加坡的当地工业，最终占据新加坡和整个东南亚的轮胎市场。

在这个紧急关头，为了"明日"轮胎厂的生存，更为了新加坡本土工业的未来，陈嘉庚先生将世界各地属于他名下公司的资金都抽调来，誓与"圣力"在新加坡的土地上展开一场为了维护本土工业生存的商战。

陈先生不愧为经营高手，他深深地知道，单凭个人的力量，与世界一个著名大公司进行正面商战，失败的可能是很大的。因此，他与部下详细制定了商战的两个准备条件：第一，联合新加坡的商会及行会，进行爱国教育，鼓励人们使用民族产品，抵制外国货，形成民族统一战线；第二，搞垮"圣力"公司在新加坡的企业形象，从根本上扭转局面，最终把"圣力"赶出新加坡。

由于陈嘉庚先生的威望，所以抵制美货的民族统一战线很快形成。人们都被陈先生强烈的爱国主义精神所感动，都表示要支持"明日"公司。

同时，陈先生要求"明日"公司员工加班加点扩大生产量，其中质量好的轮胎打上"明日"商标，仍以50新元出售；而质量差的则打上"圣力"的标记，以 10 新元的价格投放市场。

市场信息反馈非常及时。消费者都认为"明日"的价格虽高，但质量有保证；而"圣力"出售的却是价低质差的劣货。况且"圣力"公司的售价忽高忽低，引起了新加坡众多批发商的疑虑，对价格摇摆不定的"圣力"轮胎不敢进货。

陈先生之所以敢这样做，是因为他了解到"圣力"轮胎厂蔑视新加坡地方管理部门，没有将"圣力"牌轮胎向新加坡的任何商标局注册，待他们发现"明日"公司仿冒生产"圣力"轮胎时，也就无权提出保护商标的诉讼了。

最后，"圣力"公司不得不咽下自己酿成的苦酒，撤走新加坡分公司，从此再也没有在亚洲市场上出现过。

谋术深解

商场之上最要不得优柔寡断

在商业竞争中，我们有时会面临生死存亡的关键时刻，在这种情况下，商人就要把企业的未来摆在首位来出招。

心慈手软、优柔寡断对企业的决策者来说，往往是最大的心理障碍，在做出重大决策时，尤其应当避免。否则，就可能带来突如其来的灾难。北京心理医学研究所李粟教授肯定地说：性格对成功是有影响的，成功的标志是你的行为达到了你预期的目标。为达到你预期的目标，在达到目标之前的过程中，性格是可以左右人对事物的决断能力的。

在明知走势已转换，却因为犹疑而无所作为，对现状进行消极抵抗，只会带来更大的损失。当你面临问题的时候不想着去解决它，而是消极地回避，那么你的问题必将越来越大。

不错，市场竞争客观上要求领导者在关键时刻要敢于决断，必要时甚至采取非常手段。当然，果断不是武断，决断不是蛮干，气魄也不是刚愎自用。

优柔寡断的老板畏畏缩缩，当断不断，遇事举棋不定，毫无主见，缺少魄力。遇有重大事情需要快速做出决策时，往往不知所措，顾虑重重。即使做出了某一决定，却总是比竞争对手慢半拍，从而失去一个又一个机会。这类老板就像鱼缸中一条没有主见的小鱼，在商海中毫无目的地漫游，永远成不了大气候。

有那么一句经验之谈："应走不走，反受掣肘；当断不断，反受其乱。"这是说在事态严重时，该走而不走，应当机立断而不决的，必会招致更大的麻烦与危险。

以夸自己的方式把对手打败

一家肉食品加工厂打出了一幅别出心裁的广告。

广告上，一只病恹恹的小猪被丢在了大门外，失望地说："由于我不够健康，它们不要我。"

滑稽的造型加上隐含的寓意打动了人们的心。这家肉食品加工厂在当地的产品销售迅速提升。

夸自己，是每个商家都做过的，但怎么夸，里边却大有学问。汉斯在面对困境的时候，把"夸"字用到了极致。在夸自己的同时，不忘在字里行间把对手贬低一番，达到了"克敌制胜"的效果。

汉斯番茄酱由于口味纯正，优质优价，多年以来一直受到广大消费者的青睐，然而，自从汉斯的竞争对手推出了几款不同口味、流速较快的番茄酱后，汉斯的产品销量明显受到了影响，顾客也认为汉斯番茄酱流速太慢，不方便食用。了解到这一点后，汉斯在广告推销的过程中表明，只有优质优料的番茄酱才会流得较慢。这句广告语等于指示消费者，那些流速快的番茄酱质量都不会太好，凭着这种对对手攻击性的宣传，汉斯又重新赢回了顾客群。

那是在1960年，汉斯的竞争对手在很短的时间内推出了几款口味不同的番茄酱，这些番茄酱和汉斯番茄酱相比，最大的特点就是流速较快，比较容易倒出。正因为这样，原来的那些汉斯番茄酱的购买者纷纷开始抱怨，说使用时要倒出来的时间特别长，的确是极不方便，就转而购买别的品牌了。

陷入困境中的汉斯在常规下只有两条路可走，要么是改变配方，要么是改变包装。而这样的改变本身在气势上就输了一筹，因为，在一般人的观念中，好的东西是不需要有任何改变的。同时，对手准备充分，自己仓促之下的应变必定会存在很大的漏洞，一旦被对手抓住，就没有翻身的机会了。总之，这两种办法对手都肯定已做好了充分的准备，甚至连下一步的陷阱都挖好了，只等着汉斯自己往下跳。汉斯就在这样两难的选择中徘徊不已。

一个绝妙的点子从汉斯的脑袋中突然蹦了出来，他既没有去改变配方，也没有去改变包装，而是在广告的推销上下了一番功夫：汉斯番茄酱之所以会流得比较慢，是因为它优质优料质量好密度也自然就比较大。借着对手夸自己的番茄酱流得快的宣传，汉斯在广告中强调，自己的番茄酱是流速最慢的品种，口味也是大家都喜欢的传统口味。

奇迹就这样出现了，在使用了这样一则解释速度的广告之后，汉斯番茄酱的市场份额不仅没有下降，反而从原来的19%迅速上升到后来的50%。那些虎视眈眈的对手们不由感叹弄巧成拙，真是"机关算尽太聪明，反误了卿卿性命"。

谋术深解

一定要卖出好价钱

自夸要有方法，让人看不出痕迹。精明的商家会把产品的优点作为宣传的主方向，在顾客的了解中夸自己。

在商业活动中，人们对商品的需求及价值取向的差别，会影响人们对价格的接受程度。只要你所销售的产品满足消费者需要的程度很高，即使价格也很高，消费者也认为便宜。相反，如果消费者认为这种商品对他没有什么用处，那么，即使价格很便宜他也会觉得贵。这就是商品的"积极价格"。

只要你所销售的产品对于买主非常需要，那么，他会把价格放在次要位置上，这无疑会对你的销售工作有帮助。反之，无论你的产品价格高低，买主都不愿意买。这时，最关键的是要想办法让这种产品具备"积极价格"因素，就是让买主认为买这种产品对他有用。这就需要在销售过程中做好说服劝导工作，此时的推销重点不在于价格，而在于产品的使用价值。因此商家应当在以下几个方面为自己的产品做文章。

（1）商品的质量。这是最核心的因素。质量好，具有很高的使用价值，买主对价格的高低就不是非常敏感了。反之，若质量差，买主对价格的高低就会非常敏感。

（2）产品的档次。一般来说，产品的档次高，要求买主的购买能力越高，买主对价格反应的敏感度比较低；相反，低档商品的购买对象是一般购买力水平的买主，他们具有求廉的消费心理需要，因此对价格高低较为敏感。

（3）产品的购买频率。产品的购买频率就是指产品在一定时期内被重复购买的次数。一般说来，购买频率高的产品，买主对其价格反应的敏感度比较高；购买频率低的产品，买主对其价格的反应敏感度比较低。

（4）买主对产品的需要程度。买主对产品特别需要时，他所关心的只是能否买到这种产品，而不在乎这种产品价格的高低。也就是对其价格的反应敏感度就越低。

（5）服务的质量。一般情况下，买主会把任何一种额外的服务项目，都看成是某种形式的减价。推销员在向买主推销产品时，同时能提供优质服务，如对买主提出好的建议和帮助，让买主感到非常满意，即使你所推销的产品价格高一些，他也愿意购买。有了这些条件保障，你的产品想不卖出好价钱，恐怕市场都不会答应。

第四章 打造最犀利的营销术

不管你是不是使用"营销"这个词，商人都得与营销为伴，以营销为壮大自我的武器。商人所谋之术中，营销术不可或缺。其实也没有必要把营销想象得过于高深和神秘，注意与自身状况相结合，与现实实际相结合，精心谋划，就能够打造出最犀利的营销术。

最犀利的营销术以最过硬的质量为保障

一家手表制造商欲打开大洋洲市场，为了提高知名度，这家公司在当地报纸上打出广告，约定在某日将租用飞机空投手表，谁捡到归谁。

空投的日子来临了，大量的手表从天而降，人们捡起后发现手表仍然走个不停。

这家手表高质量之名迅速传遍了整个大洋洲。

中国有句俗话叫"好酒不怕巷子深",可能在商品竞争非常激烈的今天,这句俗话有它的局限性。但不可否认的是,营销以过硬的质量做保障才有意义。

如果提起手表,你最深的印象肯定会是瑞士。瑞士堪称是手表的王国。但是一个来自日本的品牌却以一种"能把皇帝拉下马"的气势,和瑞士手表玩起了实力比拼。他们通过争取奥运计时权这样的点子,一举击败了不可一世的瑞士钟表,并在其后的若干年,最终将瑞士从"钟表大王"的宝座上拉了下来,成功地在鲁班门前耍起了大斧。

1891年,日本的金太郎创建了"精工舍",当时是按美国的样品生产时钟。4年后,金太郎和一位工程师合作,生产一种安装在高楼上直径达1.6米的钟塔,"精工舍"从此声誉大振。

1913年,金太郎又研制出了日本第一代手表——月桂树牌12型手表。从此,"精工舍"事业蒸蒸日上,突飞猛进。

正当"精工舍"欲要赶超钟表王国瑞士时,第二次世界大战粉碎了它的美梦。

"二战"过后,"精工舍"开始了新的创业行程。

50年代后期,经过不懈努力的"精工舍"已逐渐发展成为大型企业——精工集团。

60年代初,精工集团适时研制推出了"马贝尔"手表。该表在国内钟表精确度竞赛中连夺3年锦标,成为全日本最畅销的手表之一。

在一片喝彩声中,崛起的精工集团开始了自己的"虎山行"计划,向钟表王国瑞士挑战。

瑞士是举世皆知的钟表王国。提起钟表,第一个跃入人们脑海中的国度准是瑞士。瑞士的钟表和它们国家那优美动人的湖光山色一样，在全世界人们心目中留下美好的印象。瑞士钟表王国的地位异常稳固，要想撼动它，几乎是不可能的事。然而，精工集团并不畏惧退缩，它暗中积蓄实力，悄悄逼近这个强大的对手，伺机向其发起攻击。

机遇终于向这位无畏的勇士招手了。

1960年，国际奥委会决定1964年奥运会将在日本东京举行。

消息传出后，精工集团的员工群情激昂，决心借此机会强化广告宣传攻势，以显示自己的雄厚实力，向瑞士的"欧米茄"挑战。

"欧米茄"是驰名世界的瑞士名牌钟表。并且，"欧米茄"计时表曾有过17次独占奥运会计时权的辉煌历史。瑞士"欧米茄"以它的权威和自信是绝对不会放弃东京奥运会计时权的。

为了摸清对手的底细，精工集团秘密组成了一支精悍的考察队，前往当年在罗马举行的奥运会。

到了罗马之后，精工考察队的技术人员才感到，奥运会简直是"欧米茄"的产品展览会。马拉松以及长跑项目不必说，其他各类项目几乎都是在"欧米茄"的指针下决出胜负的。可以这样说，从大的时钟到裁判员手里拿的秒表，都是"欧米茄"的天下。

更令他们感到惊讶的是，国际奥委会对于"欧米茄"有着绝对的信赖。

然而不久后，精工考察队的心中便有数了。因为，经过仔细调查后，才知道所有使用的"欧米茄"制造的计时装置，几乎都是机械式钟表，而石英钟表才有几部。

这使精工考察队的技术人员不再有畏惧心理，因为那时他们已经成功地开发出能赶上瑞士的机械手表，而正是在他们出发到罗马时，超常精确度的豪华精工表已经制造完成，并且受到国际的好评。

此刻，考察队通过在罗马的比较分析之后，确定日本钟表工业的水平已经具备了和瑞士并驾齐驱的实力。

他们怀着非常振奋的心情回到日本，马上写出了一份调查报告。其结论是："对于担任东京奥运会的计时装置很有信心，它必须采用比目前在比赛中使用的钟表更先进的设备，而'欧米茄'并不可怕。"

"让欧米茄见鬼去吧！"这是当时精工集团员工们的一致口号。

不久，精工集团从精工舍、第二精工舍以及诹访精工舍这三个公司调来20名技术精英组成了计时装置开发组，以4年后的东京奥运会上取代"欧米茄"为目标，开始了决战。

他们首先提出了"制造比罗马奥运会还要先进的计时装置"的口号，然后制定了精工集团这三个公司所负责的具体工作。

这实在是最高明的做法。因为，要在有限的时间里完成最高水平的产品，这三家公司必须以各自的优秀技术来决定胜败。

经过讨论之后，由精工舍负责大型钟表和显示器，第二精工舍负责跑表。由于诹访精工舍多年来一直由59A计划小组来开发石英钟表，所以由它来负责研制东京奥运会的石英表，这也是至关重要的一环。

59A计划小组果然不负精工集团众望，抢先研制出一部世界级的最新产品，那就是石英表951二型。这种石英表主要用于马拉松等长跑项目，它重3公斤，平均日差0.2秒，裁判可以用一只手轻松地携带着，而且两个干电池可以用一年，和以前有一部小型卡车那么大的石英钟表相比，确实是一大进步。

国际奥委会看过石英表 951 二型的性能，留下了异常深刻的印象。

1963 年 1 月，精工集团决定提交一份正式文件给奥委会：精工集团希望提供东京奥运会的跑表、大钟、精密的计时设备等。

同年 5 月份，奥委会正式回答：请全面加以协助。

"精工舍"终于战胜了"欧米茄"，争得了奥运会计时权。

在东京奥运会，精工表大展雄风，加之大力广告宣传，备受赞誉，成了日本的骄傲。

奥运会的比赛计时用表大都要精确至零点零几秒，如果能夺得奥运会计时权，那么那样的表不言而喻，肯定是精准无比。这便是"精工舍"的诉求点。通过与瑞士机械表的比拼，日本"精工舍"的石英表以实力说话，一举夺魁。

谋术深解

嘴硬不如货硬

高质量是企业打开市场的钥匙。顾客是企业的上帝，他们会在对比中选择更好的。有高质量的产品做后盾，企业的营销自然能以强有力的方式进行。

明代冯梦龙在《广笑府》中也讲过一则卖酒故事，刻画了一个出售商品质量不高而又不让人说不好的奸商的嘴脸。说的是一家酒铺的老板，卖的酒并不好，却非要顾客说酒味香甜不可。甚至把说酒酸的人吊在梁上，到什么时候说酒香了，才给放下来。一次一位过路顾客来喝酒，看见有人被吊着便询问原因，老板说："他说我酒酸，断我财路。"过路客说："老板，借我一碗酒吃如何？"老板奉上一碗，等客商说一个"好"字，客商被酒酸得卤软，便对老板说："快放下他，把我吊起来吧！"这，或许正是"嘴硬不如货硬"的最好注脚。

吃不着的才是最好的

狐狸站在葡萄架下流口水，那晶莹的葡萄十分诱人。

可是，无论狐狸怎么跳也够不着。于是，它愤愤地留下一句话——"这里的葡萄是酸的"而离开。

过了很久，狐狸的脑子里还时常浮现那一串串葡萄的影子，它无论怎么努力也忘不掉。

容易到手的东西往往没人珍惜，吃不着的才是最好的。

当商家在满足客户各种各样的需求后，仍不能激起消费者的购买欲望而无奈时，却有人根本不去理会这一套，他在产品上市之前，便刻意制造一种极神秘的氛围，吊足了大家的胃口，等到产品上市后，消费者早已是迫不及待了。如此点子，与那些只知一味去满足顾客的商家比起来，就显得更胜一筹了。

钟平良是一个台湾青年，20岁之前家里几乎一贫如洗，一家三口每月的开支全靠父亲那可怜的200元工资来维持。面对家里穷困的现状，钟平良从小就立志要做一个有钱人。高中毕业后，他没有继续上大学，而是来到一家汽车修理厂当了一名学徒工。后来，积累了两年修理经验的他自己开了一家修理厂。

由于钟平良的服务质量特别好，他的汽车修理厂生意一天比一天火。

按理，他可以在这条道路上继续走下去，全家的开支也不用担忧了，但他不是一个这么容易就满足的人，他的理想是干一番大的事业，拥有一家自己的汽车制造厂。正是在这一理念的驱动下，1984年8月，他放弃了生意蒸蒸日上的汽车修理厂，招聘了几个技术人员，搞起了汽车研发。然而两年下来，在几乎耗尽了所有积蓄之后，他们仍然没有研发出一辆成型的汽车。在这种情况下，钟平良觉得自己有点不知天高地厚，如果继续干下去，可能会亏得血本无归。经过了近一个月的思索之后，他做了一个决定：退而求其次，研发技术含量比汽车低的摩托车。又一个两年过去了，这一次的结果和前一次不同：他不仅研发出了属于自己的摩托车，而且性能还不错，他将自己的产品命名为"野狼125"。

为了将"野狼125"尽快投入市场，钟平良找了一个合作商对其投资并进行大量生产。在摩托车上市之前，他慎之又慎。因为作为一生意人，他深深懂得一种产品能否拥有市场，关键在于消费者能否接受。在当时，台湾的摩托车产品不下10种，销售市场竞争十分激烈，如何出奇制胜地打开市场是至关重要的一环。

好的方法不是没有，关键是要善于思考和发现。不错，钟平良在和企划部的人员经过了数天的研讨之后，终于想出了一计高招——"吊人胃口"。按计划，"野狼125"摩托车在当年4月1日这一天全面上市。

为了制造一种神秘感受，以引起人们的普遍关注，3月25日，公司不惜重金，在各重要路口的巨型广告牌上刊登出一幅幅别出心裁的图文广告：一幅"野狼125"摩托车的幽默漫画，一句令你摸不着头脑的广告词："今天不卖摩托车，请您稍候六天，买摩托车您必须慎重考虑。有一款您意想不到的好车就要来了。"

人们看了这幅既没标明厂家，又没标明品牌的幽默漫画式的摩托车广告，大感不解，都在猜测这是哪一个厂家生产的一部什么样的摩托车呢？胃口真的被吊了起来。3月26日，"野狼125"摩托车的幽默漫画广告继续在巨型广告牌上刊出，不过广告词改了，改成了六个字："请您稍候五天。"

3月27日，巨型广告仍继续刊出，不过广告词又改了，改成了四个字："稍候四天。"

3月28日，广告词变成了五个字："请再等三天。"并提醒人们："要买摩托车，您必须考虑到外观、耗油、动力以及省油、耐用等。这一部与众不同的好车就要来了。"人们的胃口这下子被吊得更高了，都互相打听它到底是哪一家公司的产品？真的与众不同吗？

第二天，广告词变成了7个字："请您再等候两天。"并配了解说词："让您久等的这部外形、马力、省油、耐用度都能令您满意的新款.野狼125.摩托车就要来了。"此时，人们欲一睹"野狼125"摩托车丰采的欲望被彻底激发起来了。

3月31日，"野狼"最后还要卖个关子，广告词改为："对不起，让您久候的.野狼125.摩托车，明天就要与您见面了。"

第二天，千呼万唤始出来的一辆辆崭新的"野狼125"摩托车披红挂绿地出现在各大商场。前来观看和购买的人摩肩接踵，络绎不绝。"野狼125"的市场开拓得不错，并成为畅销产品，连续五年，其销售量位居台湾众多摩托车之首。钟平良也成了台湾商界的传奇人物。

人们似乎都是这样，越是自己所拥有的，就越不懂得去珍惜。相反地，对于那些吃不着的东西，人们反而越想去吃。当胃口被吊足，你再把东西放到他眼前时，他会毫不犹豫地去接受。这样的做法已经为那些成熟的商业运作者所广泛运用，如前一段时间的《十面埋伏》的热播，都是这一点子运用的典范。

谋术深解

用"心理暗示"的妙法钓顾客

人人都有好奇之心，经常见到的东西不加关注，另类新奇的反而能吊起他们的胃口。吊起顾客的胃口自然能让他们乐于选择你。凭借"心理暗示术"，来实现自己推销产品的目的，可以说是生意人要学习的一个技巧，暗示的最大好处在于，暗示者不需要有任何承诺，而受暗示者就可能做出种种"投己所好"的允诺。但既然是自己说出的话，事后就只能怪自己话语大多，而与暗示者毫不相干。

暗示需要讲究策略。暗示过程一般分两个阶段：首先使消费者产生一种想法，然后在想法的基础上采取行动。针对不同的商品、不同的人采取不同的策略。

例如我们常见的一种名叫命令性策略的暗示。这种策略将内容和目的直接告诉对方，使他们有危机感存在，迫使其果断采取行动。如"数量有限，欲购从速"、"清仓大甩卖"、"紧急行动，除夕大赠送"，以及"跳楼"、"放血"之类的广告语。

命令性策略要求暗示语言精练。现代生活节奏紧张，消费者没有过多的时间去思考为什么甩卖，因此，这种暗示会条件反射地引起消费者的兴趣，"挥泪大甩卖"会使消费者想到降价甩卖。而精明的诱惑暗示，如能做得极妙，则会让顾客们兴奋莫名，欲罢不能。

妙用感情因素营销

在张瑞敏主持海尔初期，发现厂里生产出了十几台有缺陷的冰箱，张瑞敏将这些不合格的冰箱集中在一起，并召集全体员工，当众将冰箱砸碎。

当张瑞敏抡起铁锤一下一下重击不合格的冰箱上时，在场的海尔人都在流泪，因为在他们眼中这些冰箱虽然是不合格产品，但也是他们的血汗结晶，公司的财产。张瑞敏的做法打碎了他们的过去，然而却树立了法律一样的标准，并让员工永远无法忘怀。

试想：如果当时张瑞敏没有砸这些不合格的冰箱，只是简单地教育员工，那么今天的"海尔"又是怎样的呢？

白兰地因历史悠久而堪称法国的国宝。虽然年代久远，但其在最初并不是人人皆知的国际知名品牌，法国厂商为了拓展市场，竟出了这样一个点子，那就是：借用总统的生日来为白兰地宣传。

白兰地堪称法国的国宝，其酿造历史已长达300年。而法国生产的白兰地酒中，又以干邑白兰地最为有名。干邑是位于法国南部的一个小城镇，这里是法国有名的葡萄种植区，拥有近10万公顷葡萄田。几百年前，当地人就将葡萄酿制成白酒，储藏到橡木酒桶中发酵，随后经过一系列复杂精密的调配，才酿出这种金黄色的香醇美酒，人们称之为白兰地。因为干邑地区所生产的白兰地最好，所以慢慢地，"干邑"便成为名牌白兰地的代名词。干邑白兰地发展到今天，人头马、马爹利、轩尼诗、百事吉等都是享誉世界的国际名牌了。

在20世纪50年代，法国干邑白兰地厂商为了进一步扩大世界市场份额，把目光瞄准了潜力很大的美国市场。如何才能既不显山不露水地宣传自己，又产生像广告那样的轰动效应呢？法国厂商为此颇费脑筋，在一次偶然看报纸的时候，该主管看到了即将为美国总统艾森豪威尔庆祝生日的消息，于是想到了一个绝妙大胆的方案。

利用不久即将到来的美国艾森豪威尔总统的67岁生日，在征得本国政府的同意和支持下，向美国公开赠送两桶白兰地酒为总统贺寿。并且，以此事为引子开展宣传活动，宣传的内容和基调集中在法美人民的友谊上，但一定要突出"礼轻情义重，酒少情意浓"这个主题。方案把开始宣传活动的时机定在了总统寿辰前一个月，而且就如何广泛利用法美两国的新闻媒介，如何具体进行连续热烈的宣传等细节问题，也制定了详尽的执行计划。

于是他们把该计划立即付诸施行。很快，法国政府方面答应予以全力支持，并马上就此事向美国外交部门通报，很快也获得美国方面的同意。白兰地是法国的国宝，酒厂与法国政府其实是想到一块去了。

总统寿辰前一个月，一家美国报纸似乎是非常不经意地披露了一个从美国驻法国大使馆得到的消息，称法国方面将派专人向美国总统祝寿，并将随行带上一份堪称国宝的礼物。报纸的消息很简短，但却马上引起了轰动，公众注目的焦点集中在这份礼物到底是什么上面。随着各家大报的记者专程赴法国采访，这一谜底很快揭晓，原来是法国干邑世家的马爹利白兰地。

法国白兰地很快成了当月的明星，它的诞生地、它的历史、它的制作工艺和它那独特神奇的美味，都一一在各种媒介上介绍给了美国公众，以满足其好奇心。这立即在美国掀起了一个"干邑白兰地"的热潮。充满了友谊情调的法国白兰地简直在美国家喻户晓，几乎所有的美国消费者都把它当作正宗和极品的标志。宣传活动在艾森豪威尔总统的生日那天达到高潮。在美国首都华盛顿的主要街道上竖立着巨大的彩色标语牌："欢迎您！尊贵的法国客人！""美法友谊令人心醉！"各个售报亭也整饰一新，摆放着美法两国的精致玲珑的小国旗。报亭主人精心制作的"今日各报"的广告牌上，一只美国鹰和法国鸡在干杯，造型奇异而可爱。醒目的标题提示着过往的人们，"总统华诞日，贵宾驾临时"、"美国人的心醉了"，浓浓的友谊之情感染着人们。

在美国总统府白宫周围，早已是人山人海，世界各国的游客们云集于此。人们面带笑容，挥动着法兰西的小国旗，翘首盼望尊贵的法国国宝白兰地的到来。

上午10时，赠酒仪式正式开始，来自各国的宾客垂手分列在白宫的南草坪广场上，67岁的艾森豪威尔总统面带笑容，准时出现在前簇后拥的人群之中。

由专机送抵美国的两桶窖藏达67年的白兰地酒，特邀了法国著名艺术家精心设计了酒桶造型，而67这个数字，正好象征着艾森豪威尔总统的寿龄。

四名身着红、白、蓝三色法兰西传统宫廷侍卫服装的英俊法国青年作为护送特使，正步将两桶窖藏达67年的白兰地美酒抬入了白宫。

艾森豪威尔总统在交接仪式后发表了简短但热情洋溢的讲话，他盛赞美法人民的传统友谊，祝愿这友谊就像白兰地酒一样美味醇香！

此时的人群中立即欢声四起，群情沸腾，人们情不自禁地大声唱起了法国的国歌《马赛曲》。人们似乎闻到了清醇芬芳的白兰地酒香，品尝到了法美友谊佳酿的美味。

从此，法国白兰地酒畅销于美国市场。从国家宴会到家庭餐桌几乎都少不了法国白兰地，人们品味它，总会回忆起它不同凡响地来到美国的故事。

在法国政府的支持下，马爹利白兰地作为国宝级的礼物送给了美国总统祝寿。美国因此而刮起了一场白兰地旋风，各大媒体都在介绍白兰地，而它也成了美法两国人民友谊的象征。

借总统生日之名去开拓市场，法国白兰地酒厂的点子委实精妙。

谋术深解

打开顾客的情感闸门

人是有感情的动物,商人将生意与感情联系起来,寓情于物,让顾客看见你的商品就能引发感触,自然也打开财源。

对顾客来说,打开感情的闸门需要具体事实和细节。心理相容不仅是一个前提,也是商家必须始终遵循的一个原则,它贯穿于整个商业活动的全过程,而不仅在开始时起作用。这就是说,整个商业活动追求的不只是一个与听者心理相容的顺利开场,而且要以全部的事实、完整的表达情态吸引听者的注意和兴趣,进入并打动顾客的心灵。

由此可见,商家对顾客的心理相容的原理实际上还包含了表达与接受这两个方面的心理转换过程。使顾客靠拢并参与商家的思想感情,达到双方心理的交相融合,这就是心理的转换、心思的感动、感情的共鸣。这个潜移默化、感动心思的过程就需要打开感情的闸门——用具体事实与细节去打动顾客。

例如,对购买儿童玩具的顾客启发他对孩子的爱心,对购买老人用品的顾客启发他对父母的孝心,对家庭日用品的购买者,启发他对幸福家庭的美好向往,对某些具有怀旧意味的商品,启发他对过去岁月的回忆。诸如此类,只要抓住了顾客内心中情感的热点,就能够有的放矢地发挥以情动人的作用。

选对名人才能利用他的名气

老虎想吃公牛，但公牛力大体壮，老虎没有足够的胆量袭击它，便决定用妙计来诱捕。

老虎跑到公牛那里说："我的朋友，我抓到了一只鹿，如果你肯赏脸到我家和我一起分享，我将无比高兴。"老虎打算将公牛诱到自己洞里趁黑下手。

公牛回答说："谢谢您的好意！等您吃完了以后，能不能顺便带些青草给我吃呢？"

企业的宣传，自然离不开广告，但做广告也有高深的学问在里面，并不是随随便便的乱做一气。其中，重要的一点，就是要定位准确。因为大多数的产品都只适用于某一部分人，所以广告更应以此为出发点，如果定位不准，那么广告也就失去了意义。百事可乐针对自己的产品有针对性地选择名人做广告就很好地体现了这一点。

在与老对手可口可乐的交锋中，百事可乐常常有好戏出台，使可口可乐倍感其威力。其中，百事可乐运用的独具特色的名人广告，是为它赢得市场的一个重要法宝。1983年，百事可乐与美国最红火的流行音乐巨星迈克尔·杰克逊签订了一个合约，以500万美元的惊人高价聘请这位明星为"百事巨星"，并连续制作了以迈克尔·杰克逊的流行歌曲为配乐的广告片。借助这位天王巨星的名头，百事可乐推出了"百事可乐，新一代的选择"的宣传计划，并获得了巨大的成功，迫使可口可乐拱手为百事可乐分出一杯羹。

事情的起因是百事可乐的一次市场调查。为了调整公司的经营并使之更符合市场的需要，百事可乐组织了一次规模较大的市场调查活动。调查结果证实了他们的估计，被调查者对百事可乐的看法是：这是一家年轻的企业，具有新的思想，员工富有朝气和创新精神；是一个发展很快，一举成为行业第一的企业；不足之处是鲁莽，也许还有点盛气凌人。

对可口可乐的评价是：美国的化身；具有明显的保守传统；不足之处是老成迟钝，自命不凡，还有点社团组织的味道。

根据调查结果，百事可乐设计了新的广告方案，并想到了迈克尔·杰克逊。因为，对于像迈克尔这样不嗜烟酒、家庭观念强、宗教信仰虔诚的青年来说，汽车、酒类都没有意思，他需要一种柔软、小巧、无害而有趣的产品，那便是可乐。因此，由迈克尔·杰克逊来为百事做可乐广告是最适合不过的了。

广告播出后，《华尔街日报》用头版做了大量报道。1984年间，97%的美国公众至少看过10遍这个广告。杰克逊的广告片开始播放后不到30天，百事可乐的销售量就开始上升，使百事可乐成为1984年普通可乐市场上增长最快的软饮料。杰克逊的广告片大大提高了百事可乐的知名度，该广告的主题——"新的一代"已深入人心，百事可乐代表了美国的现代生活方式。

广告赢得了所有的广告奖，它使百事可乐的销售达到了创纪录的水平。

百事可乐从美国市场上名人广告的巨大成功中尝到了甜头，于是在世界各地如法炮制，寻找当地的名人明星，拍制受当地欢迎的名人广告。

在香港，百事可乐推出张国荣为香港的"百事巨星"，展开了一个中西合璧的音乐行销攻势。不久以后，百事可乐更是聘得美国的世界级走红女歌星麦当娜为世界"百事巨星"，轰动全球。

"每一次选歌和出唱片，我都有自己的选择。追风，那不是我的性格……每一个人都有自己的选择，我选择百事。"中国大陆的不少消费者，也许都听过这段出自刘德华之口的广告语。作为活跃于大陆和港台的走红歌星，刘德华的号召力是巨大的。这是百事可乐为开辟中国饮料市场而做的广告。

就这样，百事可乐借助于名人的知名度和感召力，持续地推出了一个又一个的名人广告，让百事的名字深深根植于一代代消费者的脑海中，成功地打了一场场的漂亮仗，为百事可乐争到了更多的市场份额。正如它在广告词中所言："百事，新一代的选择。"这是百事可乐永不松懈的追求。

百事可乐一直是新生代的代表，所以其请当红影视巨星做广告的定位便十分准确。百事也曾请一位女性政治家做过广告，但效果奇差。广告定位准确的重要性就体现在这里。

谋术深解

借来"圣光"财路顺畅

形象代表的选择关系到产品被大众接受的程度，每种身份的代表都直接或间接地影响部分消费群体。这种策略应该说是运用了一种"借光"的心理学原理。对于此种现象，国外叫做"哈洛效应"。原意是圣像后的光，引申为使某物神圣化。而"哈洛效应"，则是指由于外在力量的影响，使某事物增光添色，就好像圣像头上的光环，使圣像显得更为高大更有影响力。利用"哈洛效应"就可以借助权威的力量，扩大自己的影响。

在现代社会，"借光"这种手段已被政治、经济、文化以及外交等领域广泛运用，而且大有日趋扩展之势。

这种拉大旗做虎皮的做法，在各行各业都起着不同寻常的作用。即使这位所借的对象并不出面，光借个名义也能增加自己的分量！

做生意则更要找名人，像美国著名影星克拉克·盖博在电影中脱掉衬衫，赤裸身子，就这么一个镜头，竟使美国贴身内衣的销量急剧下降，而已故英国王妃戴安娜带头穿平底鞋，英国市场上的高跟鞋就无人问津了……这些都是名人效应，有意识地利用名人，就是借名效应，这在企业的形象包装方面意义异常重大。

层次分明策划需求

日本东京一家咖啡店的老板发现：人的视觉对颜色的误差往往会对咖啡用量的多少产生错觉。他给30多位朋友每人4杯浓度完全相同的咖啡，但盛咖啡的杯子的颜色则分别为咖啡色、红色、青色和黄色。结果朋友们对完全相同的咖啡评价则不同：认为青色杯子中的咖啡"太淡";黄色杯子中的咖啡"不浓,正好";咖啡色杯子以及红色杯子中的"太浓",而且认为红色杯子中的咖啡"太浓"的占90%。从此以后,老板将其店中的杯子一律改为红色,既大大减少了咖啡用量,又给顾客留下极好的印象。结果顾客越来越多,生意随之更加红火。

在企业增长放缓,产品竞争力下降的情况下,加快新老换代,推陈出新可以有效扭转不利局面。但新产品是否会受欢迎,就要靠策划,靠像艾柯卡一样从开始阶段就进行的思路清晰的算计。

20世纪60年代,美国福特汽车公司生产了一种名为"野马"的卧车。这种卧车一推出,一年内就销售出41万部,创纯利润11亿美元。当时,购买"野马"车的人打破了美国的历史最高纪录,顾客简直到了饥不择食的地步。在不到一年的时间里,"野马"车风行整个美国,各地还纷纷成立了"野马"车会。连商店里出售的墨镜、钥匙扣、帽子、玩具等,都贴上了"野马"的商标。

为什么"野马"汽车如此受人欢迎呢?它的制造者、策划者是谁呢?这要从美国的实业巨子,福特汽车公司的总经理——艾柯卡谈起。

1962年,艾柯卡担任福特汽车公司分部总经理之后便想策划生产一种受顾客喜爱的新型车。这个念头是他对市场进行了充分调查研究之后产生的。

艾柯卡便把未来的新型车定位为:款式新、性能好、能载4人、车子不能太重,价钱便宜(卖价不能超过5000美元)。他将这一产品的定位原则交给策划小组讨论,经过集思广益,大家不仅同意艾柯卡的产品定位,而且还补充了一些新内容。如车型要独树一帜,车身要容易辨认,要容易操纵,便于妇女和新学驾驶车的人购买,要有行李箱便于外出旅行，既要像跑车还要胜过跑车，以吸引年轻人。要达到"一枪击中数鸟"，同时吸引几个市场的目的。

当策划人员对新型产品的目标进行最后决定之后，他们便着手拟定规划，设计图样，制作泥塑模型。

在车的命名上艾柯卡经过与众人的反复商议最终将车名定为了"野马"。

在新型车问世之前，艾柯卡还邀请了底特律地区的54对夫妇到汽车厂做客，并请他们对新型车发表评议。在这些客人中，有收入比较高的，也有收入中下的。当54对夫妇对新型车发表感想之后，策划人员发现白领阶层的夫妇非常满意"野马"的车型，而蓝领工人则认为车很好，但买不起。后来，艾柯卡请他们估计一下车价，几乎所有的人都高估至少10000美元。艾柯卡从这些客人的反映中得出一个结论："野马"车太贵就不会有很多人买。当艾柯卡告诉客人，"野马"车的实际价格只有5000美元时，许多人都说：为什么？真见鬼！我要买一部。

万事齐备，只欠东风。当企业的目标确定之后，广告宣传活动就成为开路先锋了。艾柯卡是一个非常重视广告策划、宣传的企业家，为了推出这种新产品，他委托汤姆森广告公司为"野马"的广告宣传工作进行了一系列的广告策划。其广告计划的实施步骤大致如下：

第一步：邀请各大报纸的编辑到迪尔伯恩，并供给每个人一部"野马"样车，组织他们参加从纽约到迪尔伯恩的"野马"车大赛，同时还邀请了100名记者亲临现场采访。从表面上看，这是一次赛车活动。实际上，是一次告知性的广告宣传活动。事后，有数百家报纸、杂志报道了"野马"车大赛的盛况。

第二步：在新型"野马"车上市的第一天，根据媒体选择计划，让260家报纸用整版篇幅刊登了"野马"车广告。根据广告定位的要求，广告画面是：一部白色"野马"车在奔驰。大标题是"真想不到"。副标题：售价5368美元。这一步广告宣传，是以提高产品的知名度为主，进而为提高市场占有率打基础。

第三步：从"野马"上市开始，让各大电视网每天不断地播放"野马"车广告。广告片是由汤姆森广告公司制作的，其广告内容是：一个渴望成为赛车手或喷气式飞机驾驶员的年轻人，驾驶着漂亮的"野马"车在飞驰。

选择电视媒体作宣传，其目的是扩大广告宣传的覆盖面，提高产品的知名度，促使家喻户晓。

第四步：选择最明显的停车场，竖起巨型的广告牌，上面写着："野马栏"，以引起消费者的注意。

第五步：竭尽全力在美国各地最繁忙的15个飞机场和200家度假的饭店展览"野马"。以实物广告形式，激发人们的购买欲。

第六步：向全国各地几百万小汽车车主，寄送广告宣传品。此举是为了达到直接促销的目的，同时也表示公司忠诚地为顾客服务的态度和决心。

上述分六步实施的广告活动，可称得上具有铺天盖地、排山倒海之势。仅在一周内，"野马"便轰动整个美国，风行一时。据说，"野马"上市的第一天，就有400万人涌到福特代理店购买。

这一显赫的成绩，使艾柯卡一举成为"野马车之父"。由于艾柯卡策划有方，取得了成功，被破格提升为福特集团的总经理，很多美国人把他看成是传奇式的英雄人物。

产品最终是要销售给顾客的，让顾客去评定产品，不仅可以发现产品的不足之处，同时也能拉近顾客与企业的距离，这无疑是一个亲近顾客的好办法。

谋术深解

定位好才能顺利赚钱

不同阶层的人有不同的消费习惯。商家做生意时必须考虑自己所面对的顾客群，先了解顾客对产品的接受能力。市场调查是最好的选择。如果没有这个前提条件，即使产品质量再好，若顾客错位，仍然无人问津。

如果商品销售对象定位出错，广告如同白做。所以一定要做好市场调研，使广告具有针对性。把目标消费群当成一个人，然后针对他进行诉求。也就是缩小销售对象范围，"量体裁衣"，做到细致入微，具体到位，让消费者感觉到你的产品或广告就是针对"他"而设计制造的。以大众为诉求对象的品牌，是不会有奇效的。

一般来讲，从企业的产品生产过程、发展历史或者是在使用范围中提炼出一个有代表性的特征进行广泛宣传，让消费者从中得出你们企业的产品正是他所需求的结论。当今社会是一个竞争激烈的社会，同一种产品只是品牌不同，也就是说，同一种产品，有许多家厂商同时在生产，优胜劣汰，这种产品时刻都在消费者的取舍之间，他们选择在他们心目中的一流产品，自然是理所当然的事，在这种寻找和取舍之间，消费者的心中常常是有一个明确的目标指数的，这个指数就是厂商所必须把握的要点，从而使自己的企业在广告战略中做到有的放矢。一旦把这种定位正确确立下来，并在消费者中形成一种心理和感情定势，那么，也就等于打开了产品无限广阔的市场。

第五章 借力而用是谋术的至高境界

做生意的战略战术和方式方法不胜枚举,但能够借力用力显然不是什么样的商人都能做到的,唯借力乃修炼谋术之道的至高境界。商人要想提升自己的经商层次,借力是一条必经之路。只有巧于借力,练就四两拨千斤的技巧,才能借力而用以博取更大的利益。

做生意既要会借又要敢借

清朝末年,陕甘总督左宗棠奉命出师新疆平叛。

俗话说:兵马未动,粮草先行。打好仗就要有好后勤。归根结底是要有钱。可当时清政府由于多年战乱拿不出钱,左宗棠所管的陕甘两省又是出名的贫困地区,钱从何来呢?

没钱又要花钱只有借,左宗棠委托著名大商人胡雪岩从外国银行贷款,终于筹措到足够的军费。

正是由于靠借来的钱,左宗棠及时出兵西北,捍卫了国家的主权。

借,作为一种做生意的战术方法绝不是一出一入么简单,因为别人的钱不会轻易放进你的口袋。要善于出奇招、出险招。

从一位穷苦的律师成为家财亿万的巨贾,阿克森就是靠借贷赚钱起家的。

20世纪60年代,28岁的阿克森还在纽约自己的律师事务所工作。面对众多的大富翁,阿克森不禁对自己清贫的处境感到失落,这种日子不能再过下去了,他决定要闯荡社会。有什么好办法呢?左思右想,他想到了借贷。

他来到律师事务所,处理完几件事后,关上大门到邻街的一家银行去。找到这家银行的借贷部经理,阿克森声称要借一笔钱,修缮律师事务所。在美国,律师因他们的人头熟、关系广、收入高、有很高的地位。因此,当他走出银行大门的时候,他的手中已握着1万美元的现金支票。

阿克森又进入了另一家银行,在那里存进了刚刚才拿到手的1万美元。完成这一切,前后总共不到1小时。

之后,阿克森又走了两家银行,重复了刚才的做法。

这两笔共2万美元的借款利息,用他的存款利息相抵,大体上也差不多少。几个月后,阿克森就把存款取了出来,还了债。

这样一出一进,阿克森便在4家银行建立了初步信誉。此后,阿克森便在更多的银行玩弄这种短期借贷和提前还债的把戏,而且数额越来越大。不到一年光景,阿克森的银行信用已十分可靠了。凭着他的一纸签条，就能一次借出 10 万美元。

信誉就这样出来了。有了可靠的信誉，还愁什么呢？

不久以后，阿克森又借钱了，他用借来的钱买下了费城一家濒临倒闭的公司。60 年代的美国，是充满机会的好时光，只要你用心，赚钱还是丝毫没有问题的。8 年之后，阿克森拥有的资产达 1.5 亿美元。

如果你既拥有阿克森那样聪明的借贷大脑，又有拉江·皮莱那样的借贷胆量，你的经商之路将会一片坦途。

亚洲饼干大王拉江·皮莱与其说他是饼干大王，倒不如说他是借钱大王。他的公司在 1991 年营业额达到 7 亿美元，但他却负债累累。1992 年，皮莱公司的负债额高达 1.15 亿美元。相比之下，你借的钱又算什么呢？

不要怕借钱。只要你气魄够大，信心够足，选准切口，你就会大有赚头。皮莱公司虽然借贷额高，但他却不会被债务压垮。他把借来的钱，集中投资在不会发生衰退的粮食业上。人们总要吃呀！这样，皮莱就不会有竹篮打水的危险。

我们说借是做生意的基本素质，不管是数以亿计的大生意，还是日进锱铢的小买卖，你那根"借"的商业神经必须时刻紧绷着。为此，经商者必须充分理解"借"的丰富内涵并活用之。当然，像上例中讲到的借术实属险招，只供参考，不可照搬，因为这样的借术只能给它的创造者提供成功，而对模仿者一般是比较吝啬的。

谋术深解

钱找钱胜过人找钱

"他山之石,可以攻玉。"借贷是商人最好、最快捷的赚钱方法,如果你拥有了赚钱的机会却手头拮据,借用他人资金能帮助你把握住机会,达到自己的目的。借贷做生意在某种程度上来说,是一条致富之路。

很多人认为要先有足够的钱,才有资格谈投资,其实不然,投资创业人人可能。没钱怎么办?借!投资理论的最高境界是"举债投资"。银行的功能,就是让那些不立足于投资的人存钱,而让那些善于投资的人利用这些钱去赚钱。

利用朋友的力量

王欣是一家贸易公司的老总,平时为人开朗,喜欢结交各界朋友。

一天,他接到一个朋友打来的电话,告诉他时下俄罗斯羽绒帽十分走俏,可惜他的那位朋友没有外贸专营权,没法做,所以告诉了王欣。

王欣立刻组织了一批羽绒帽发往俄罗斯。当别的商家获得消息开始往俄罗斯发货时,王欣早已从中大赚了一笔。

之后,王欣在一次聚会中感叹道钱,他生意的成功全是朋友帮忙的结果。

朋友往往是商人借力的必然选择。但即使能顺利借到朋友之力,也只有充分运用谋划之术的商人才能把借来之力发挥到极致。

商务运作过程中,最基础的工作,应该是资金的筹措。正所谓"巧妇难为无米之炊"。做生意一定先要有本钱,生意越大,所需的本钱也就越大,这是谁都知道的道理。就商务运作的实际情况来看,当然最好是有多大本钱做多大的生意,或者想做多大的生意就先去尽量筹集多大的本钱。在一般人想来,手上分文没有,却一上手就要做大生意,而且居然就做成了,这一定是一个神话。

一代商圣胡雪岩就给我们留下了这样一个神话。

胡雪岩要开自己的钱庄,对外号称拥有本钱20万两,其实,此时的胡雪岩真正是身无分文。不要紧,胡雪岩心里有底,这个底就是他有一个做官有势、肯帮自己的至交王有龄。王有龄已到浙江任海运局坐办,但除了让胡雪岩有了一点官场势力之外,银钱方面事实上也还没法帮他多少,而胡雪岩的钱庄要开办得有点样子,至少需要5万两银子。

但胡雪岩仍然要把自己的钱庄开起来。在他看来,眼前只要弄几千两银子,先把场面撑起来,钱庄的本钱,不成问题。

胡雪岩有如此把握,是因为此时他心中已有了自己的成算,这"成算"也就是所谓"借鸡生蛋"。

"借鸡生蛋",说穿了,也就是拿了别人的银子,做自己的生意。此时的胡雪岩想到了两条"借鸡"的渠道。一条渠道是信和钱庄垫支给浙江海运局支付漕米的20万两银子。王有龄一上任,就遇到了解运漕米的麻烦,要顺利办成这一桩公事,需要20万两银子。胡雪岩与王有龄商议，建议让信和先垫支这 20 万，由自己去和信和相商。这在信和自然也是求之不得。一来王有龄回到杭州，信和"大伙"张胖子正巴结着胡雪岩，二来信和也希望与海运局接上关系。一方面海运局是大主顾，为海运局代理公款往来必有大赚；另一方面，也是更重要的，海运局是官方机构，能够代理海运局公款汇划，在上海的同行中必然会被刮目相看。声誉信用就是票号钱庄的资本，能不能赚钱倒在其次了。有这两条，这笔借款自然一谈就成。本来海运局借支这 20 万只是短期应急，但胡雪岩要办成长期的，他预备移花接木，借信和的本钱，开自己的钱庄。

胡雪岩"借鸡生蛋"的第二条渠道，则是一个更加长远的渠道，那就是借助王有龄在官场的势力，代理公库。胡雪岩料定王有龄不会长期待在浙江海运局坐办的位置上，一定会外放州县。到时候他可以代理王有龄所任州县的公库。按惯例州库、县库公款往来不付利息，等于白借公家的银子开自己的钱庄。他把自己的钱庄先开起来，现在虽然大体只是一个空架子，但一旦王有龄外放州县，州县公库一定由自己的钱庄来代理，那时解交省库的公款源源而来，空的也就变成了实的。

就这样，胡雪岩先借王有龄的关系，从海运局公款中挪借了五千两银子，在与王有龄商量开钱庄事宜的第二天，就着手延揽人才，租买铺面，把自己的钱庄轰轰烈烈地开起来了。

胡雪岩这一招"借鸡生蛋"，真如变戏法一般。不过，生意场上的戏法如何去"变"以及"变"得好坏与否，又的确显示着经营者的眼光、胆略和技巧的高低。

资金筹措方面借王有龄官场势力一蹴而就，在钱庄的经营方面，胡雪岩也打算背靠王有龄这棵大树大干一番。

胡雪岩决定学竞争对手的长处为己所用。存款方面没有山西票号那样的有利条件，但在放款生息方面却大有文章可做。

当候补知县、"本班"的实缺一天也没做过的王有龄一跃而为湖州府知府时，阜康钱庄自然就由空转实了。这时，胡雪岩开始实施他的大胆放款计划了：第一是放给做官的。由于路途艰难等原因，这几年官员调补升迁，多不按常规，所谓"送部引见"的制度，虽未废除，却多变通办理，尤其是军功上保升的官员，有不少是在地方上当了巡抚、道台这样主持一省钱谷、司法的大员，而未曾进过京的，或者在当地升迁从一地到另一地的，一般少不了需要一笔盘缠和安家费。这些钱一不愁赖账，二不愁利息不高。

第二项放款是放给那些逃难到上海来的内地乡绅人家。这些人多是祖上留下大把家私，有不少现款、细软带在身上。但不少人日久天长，坐吃山空，这些人借款可用他们的地契来抵押。

后来，胡雪岩要做生丝生意，谈妥自己出一千两银子做本钱，让阿珠的父亲立马就在湖州开一家丝行坐地收丝。但此时却遇到了一桩麻烦：开丝行要领"牙帖"，也就是我们今天所说的营业执照。

按惯例，丝行牙帖要由京城里发下来，来去最快也得三个月。新丝都在四五月间上市，这个时候，乡下正是青黄不接的当口，蚕农都等钱用，同时新丝存放时间长了会发黄，价钱上会打折扣，因此都急着脱手。此时已经是四月末了，如果等着牙帖，会耽误收丝。而且，丝行生意多是一年做一季，错过一季也就只好等到来年。当老张把这一情况告诉胡雪岩时，胡雪岩当时就有些发急，他要求老张回到湖州想办法，哪怕花上三五百两银子的租金租一张牙帖，也在所不惜，一定先把门面摆开来，他月半左右就要到湖州收丝。

胡雪岩如此着急，自然有他个性上的原因，他办事总是只要想好了就马上着手去办，绝不拖拉。但此时还有一个更重要的原因，那就是他已经有了自己一套周密的盘算：他要用在湖州收到的现银，就地买丝。王有龄此时已经得到了外放湖州任湖州知府的肥缺，马上就要走马上任。而此时胡雪岩的阜康钱庄也已经立起来了，王有龄既到湖州，也必然要让他的阜康钱庄代理湖州府库的"收支"，这正是胡雪岩开办钱庄之初就设想好了的。王有龄一到湖州，第一件事当然就是征收钱粮，将有大笔需要解往省城杭州的现款入到他的阜康钱庄。他要来一次移花接木、移东补西的生意运作，即用湖州收到的现银，就地买丝，运到杭州再脱手变现，解交"藩库"。反正只要到时有银子解交"藩库"就行，对公家不损一毫一两，对自己却是可以无本求利的买卖，何乐不为！

胡雪岩成功了，由一个两手空空、上顿还愁下顿吃的下等人一跃成为千金散去还复来的大老板，靠的是朋友王有龄的帮助。实际上，我们的目光不应仅停留在那个肯以自己的仕途为代价死帮胡雪岩的王有龄身上，在这里胡雪岩如何借用王有龄之力才是他的高明之处。一个人一生中像胡王这样的朋友关系难得碰上，不能只是一味埋怨自己没有胡雪岩的好运，如果你不具备他们那样高超的借力手段，天上掉下一个这样的关系给你你也未必会用。

谋术深解

人脉就是财路

在商场中，多一个朋友就多一条路。成功的商人总是广交朋友，利用朋友的力量寻觅商机然后发展自己。"广交朋友"是商人从商最大的生意经。

生意人需要确立这样一个信念：在世界上的各个角落都有你的人脉，人脉的宽与窄直接影响你成就的大与小。

世界上的每个人都可以成为你的朋友，这些朋友对你都有非常大的价值。一个人的事业成功，80％来自与别人相处，20％才是来自自己的心灵。人际关系专家卡耐基曾经说过："一个人成功与否，85％来自与他人相处。"人是群居动物，人的成功来自他所处的人群、所在的社会。人脉就是生产力，人脉就是生意人赖以生存的钱脉。

人脉的重要价值表现在以下几个方面：

（1）实现优势互补

世界上只有完美的团队，没有完美的个人。集体的智慧永远大于个人的智慧，集体的力量永远大于个人的力量。个人即使再完美，也难免会有一些缺点，即所谓人性的弱点。在一个团队当中，每个成员都可以优势互补。

（2）人脉是你墙上的一面镜子

人脉是一面镜子，他们会发现一些你根本没想到的错误，他们会告诉你什么是有趣的，什么是观察入微的，什么是有碍礼节的，以及你写的"行销企划"、"广告文案"或一些推销技巧是否有效等等。

（3）透过人脉了解你的竞争对手

所谓知己知彼，方能百战不殆。你必须掌握竞争对手的特点、动向，比如他们是否重视教育训练？是否鼓励员工进修以加强他们的技能？他们在同业中的名声如何？是否参加商展？有没有加入商业性组织？

你的人脉网是了解这些信息的最佳渠道，而且大部分真实可靠。你的朋友只会帮你，而不会去帮你的竞争对手。

借力要善于利用双方优势

犀牛和犀牛鸟是自然界中合作最好的一对伙伴，它们往往生活在一起。

每当犀牛进完食后，犀牛鸟便不辞劳苦地负责清除犀牛牙缝里的食物残渣，并以此为食。同时，犀牛身上的"清洁"工作也由犀牛鸟负责，许多想在犀牛身上寄居的小虫子都成了犀牛鸟的美味。

犀牛和犀牛鸟各自发挥优势，彼此共存传为动物王国的佳话。

在中国的电脑圣地中关村，提起柳传志和他所创立的"联想"恐怕无人不知，无人不晓。的确，于公——上百亿元的年销售额，于私——上亿元的身家这都不是一般人能轻易达到的创富高度。经商取得如此成就，头上的光环自然多多，但在这光环笼罩之下的，是他不平凡的创业和发展历程，其中最为他自己庆幸的就是在联想创业之初就"借"到了一块金字招牌。

1984年11月1日，中国科学院计算技术研究所新技术发展公司——联想集团公司的前身成立。在当时还属偏僻之地的中关村又多了一家实在不起眼的新公司。柳传志和另外10个被认为不太安分的知识分子在这里开始摸索赚钱之道。

当时公司的基本状况是：中国科学院计算所投资20万元加上一间20平方米的小平房，以及端着计算所"铁饭碗"的11个人。创办初期，与"两通两海"相比，这家公司实在不起眼。那时候到政府部门开会，联想的总经理总是早早到场，坐到第一排。如果有机会讨论，一定要抢着发言，目的是引起领导的注意以便得到支持。

很明显，这是一家地道的国有企业，因为投资少、规模小，也许投资者并没有指望这个小公司能干出多么大的事情来。但国有这一点，对于刚刚诞生的这个小企业来说却是至关重要的。柳传志他们非常清楚，国有企业在很多方面都具有民营企业不可比拟的优势，正是基于这一点，柳传志才能发挥自己的优势，用活用足政策，把联想这样一个名不见经传的小企业发展成一个举世瞩目的大企业。

成立前期，柳传志和创业同事们考虑，计算所只投资是不够的，更主要的是应该放权。于是他们向所里提出要三权：第一是人事权，所里不能往公司塞人。第二是财务权，公司把该交国家的、科学院的、计算所的资金上缴以后，剩下的资金支配所里不要管。第三就是经营决策权，公司的重大经营决策由自己做主。

虽然投资不多，但在柳传志的要求下计算所将三件宝交给公司：一是下放人事、财务和经营自主权，也就是在机制上保证后来柳传志所说的"民营"。二是保证所里上千名科技人员做公司后盾。这一点在当时可能并不觉得有多么重要，因为中国科学院是知识分子扎堆儿的地方，也许还有人觉得是计算所在甩包袱，但是，高素质的创业人员，可能是当时计算所新技术发展公司最大的财富。当然这是双刃剑，众所周知，知识分子是有思想爱思考的人，不好管理，用得好可以带来效益，用得不好也可能出现内耗。三是给一块"中国科学院计算所"的金字招牌。这是计算所新技术发展公司重要的无形资产，有了中国科学院计算所这块国内计算机界的顶尖招牌，对公司发展业务肯定有很强的支持作用。因此，柳传志一直到1988年还在强调"我们是官办公司"，那是一块"金字招牌"，他们清楚地认识到了这个优势，也充分地利用了它。

在当时的市场条件下，国有企业最大的好处是贷款容易、税收优惠，以及有商业信誉等等。回顾联想集团的发展历程，国有优势的发挥，在联想发展的关键时刻往往是功不可没。柳传志曾直言不讳地说："1988年我们能到香港发展，'金海王工程'为什么去不了？因为它是私营的，而我们有科学院出来说话：'这是我们的公司。'"香港联想开业三个月就收回90万港元的全部投资，第一年营业额高达1.2亿港元，"国有"的优势再一次得到体现。甚至在企业发展的后期，联想还一如既往地享受着"国有"的恩惠，与政府成功地合作、开发并实施了诸多的合作项目。

一次，中国科学院进口了500台IBM计算机要配给其下属的上百家研究院。王树和、柳传志几位得知后，和李勤天天跑中国科学院。当时的信通公司等也在争这笔业务，但是，李勤他们给出只收价格4%的维修服务培训费，使其他公司觉得没法做。新技术公司有很多人曾经参与过我国大型机的研制，技术力量很强，加上这些人的努力，一趟一趟地跑，终于感动了中国科学院，于是科学院把这500台计算机的验机、培训、维修的业务交给了联想。

联想就这样迎来了第一桩大生意。500台计算机把两间小屋堆满了，由于场地小，排不开，只好腾出一间屋子验机。其他人便都挤在另一间小屋子办公。这笔业务做得非常不容易，做完之后，扣除3%的成本，只剩下1%的利润，但是，由于李勤他们服务、培训等工作做得非常出色，得到了用户的好评，最终把他们的服务费涨到了7%。于是终于挣到了公司的第一笔巨额利润——70万元。

赚这笔钱主要靠的是技术，是以验机、培训、维修机器等为主要服务内容，采取出卖技术劳动力的方式赚取的。

第一桶金的掘得是因为发挥了新技术公司的长处，利用自身的知识和技术，并且也是靠着中国科学院这个背景，这两点优势在中国科学院计算所新技术发展公司的创业过程中，起着重要的作用。

谋术深解

一定要把借力发挥到最佳

借力不容易，把借到的力用好更难。用好它就得仔细分析好双方的优劣，然后再优势互补，以发挥所借之力的最大功效。成功商人不仅是一个善借者，更将是一个善用者。

虽然人生得意、财源滚滚是每个人都梦寐以求的，然而，却不是每个人都能轻易得到的。这是因为个人的力量相对于社会整体而言实在太弱小了，以至于单凭一己之力几乎无法实现。但如果你懂得借路而行，就可以做到以小博大。

在生意场的打拼中，借力是一种重要的方法，其形式各种各样，但最终目的都是为了利用别人的力量优势达到自己的目的。

"草船借箭"的故事，流传千古，成了借外力成功的经典，这是因为对方的箭正是己方所急需的。

从某种意义上说，任何人都需要借他人的力量成事。正如卡耐基墓碑上刻的一句话："这里躺着一个人，他明白如何集合比他能干的人在他身边。"

大凡成功者必善于利用他人之力，从而使自己拥有一双能翱翔寰宇的羽翼，比别人飞得更高，飞得更远。

以己之短借人之长

狼的两条前腿长，可后腿短；而狈正好相反，狈的前腿短而后腿长。单凭它们各自的力量都无法爬过牧羊人所建的篱笆。

经狐狸介绍，狼和狈相识，便约定以后一起去偷羊。

狼和狈到了牧羊人养羊的篱笆旁，狼跳在狈身上，狈支起了两只后腿，狼则伸长两只前爪，正好搭上了篱笆。狼进入羊圈后打开了门放狈进来，狼和狈均叼了一只羊离开。

由于狼与狈的合作，牧羊人所养的羊一只只减少，而狼狈为奸的俗话也传开了。

有了借力的思路，还要有借力的技巧。技巧之一是找到双方的互补点。盲人之所以会背行走不便的人，是因为自己有两条会走路的腿，而对方有一双会看路的眼睛。

柳传志和他的"联想"在发展过程当中依靠盲人背行走不便的人的借力战术，曾经跨过了两道至关重要的坎儿，也是在跨过了这两道坎儿之后，"联想"才有了突飞猛进的发展。

第一次是利用自己熟悉国内市场的优势做外国品牌的代理，从而通过借用别人的品牌优势拓展自己的销售渠道，增强了企业实力。

1987年，中国电脑市场只有为数不多的四五种美国品牌电脑以及技术性能相对落后的国产电脑。已经解决西文汉化问题而获得巨大发展的联想集团此时面临着三种选择。一是继续进行单一的联想汉卡的推广销售。这显然是一种不思进取的选择，因为汉卡市场毕竟有限。二是以汉卡为龙头，研制开发自己的电脑，以汉卡带动电脑销售。这在当时看虽然是有利可图的选择，但面临着几个问题：企业实力不够，开发电脑整机需要的资金投入公司当时难以承担；对世界电脑技术的发展不熟悉，即便生产出自己的电脑，从长远来看可能会因为先天不足而没有大的发展前途；由于"联想"是一家计划外企业，当时的国家政策也难以支持它生产电脑。三是结合中国国情，选择一种质量性能价格比较合适的外国电脑，以汉卡带动电脑销售并使之成为大陆的主导型电脑。这样做的好处在于：第一，投资少，利于积累资金；第二，便于了解世界电脑的先进技术，积累市场经验；第三，便于建立自己的全国销售网络。最终柳传志选择了第三种方式，并与美国 AST 公司结成战略伙伴关系。

按柳传志的计划，第一步，通过代理将世界真正优秀的产品引进来；第二步，在适当时候把生产线引进来，实现生产环节本地化；第三步，进一步实现技术转移，大大缩短与代理产品的技术差距，实现相关技术的本地化。最后的事实是代理业务不但发展了联想自己，也为中国的整个计算机产业作出了贡献。在联想和我国其他计算机企业一道奋起直追下，我国计算机应用水平真正实现了与世界同步；并同时促进了我国代理行业的发展。联想是最早将代理制引入中国的企业之一，也是最早通过签订代理协议规范代理商行为的企业。

对"联想"来说，代理业务在其发展史上功不可没。可以说，没有代理业务，就没有今天的联想电脑和联想激光打印机，就没有出色的"联想"管理经验和成功的渠道管理。

最重要的是，代理让柳传志和"联想"学到了先进的管理经验并培养了人才。

另一次是"联想"在香港的发展。

1988 年，整个中国都处在高速发展的氛围中，国内经济环境既繁荣又混乱，许多客观情况都限制着民营科技企业向产业化发展。

柳传志已经学会了做贸易，打通了渠道。但他并没有满足，他在通过细致的国内外市场调查之后，毅然制定了进军海外，以国际化带动产业化的发展战略。他要自己进行生产。"因为我们是计算所的人，总觉得自己有这个能力做。但当时是计划经济，联想很小，国家不可能给我们生产批文，我们怎么说都没有用，因为潜在的能力没有人相信。我们决定到海外试试，海外没有计划管着你。就这样，我们把外向型和产业化并作一步跨了。"

1988年，柳传志一行几人来到香港，手里只攥了30万港币。因此到香港后也只能和在中国大陆一样，先从做贸易开始。通过贸易积累资金，了解海外市场。

当时，"联想"进军海外市场的条件并不完全成熟，他们虽然有技术和国内大本营作后盾，但是他们对国际计算机市场却一无所知，就好比一个身强力壮的"盲人"。与联想合资的香港导远电脑公司的几位年轻港商毕业于英国伦敦帝国大学理工学院，资金与科技实力不够，但对国际市场的竞争规律一清二楚，就好比一个心明眼亮的"肢体残疾人"。

让这两个不完美的"残疾人"完美地结合起来，让"盲人"为"肢体残疾人"做腿，让他们站立然后跑；让"肢体残疾人"为"盲人"做眼，看清世界，找到方向。"扬长避短，趋利避害"，以不完美的个体做完美的"组合"，这就是柳传志和"联想"的"盲人背肢体残疾人"策略。

柳传志在回忆当时的情形时说："1988年我们带了30万港币到香港，同当地两家公司合作，总投资90万港币，办了一家香港联想电脑公司。那时在香港开公司成立大会，也就是4月1日，我在记者会上讲，我们计划一年要完成营业额1亿港币。记者就问我们有多少本钱。我们说有90万的股本，当时没说利润，结果所有记者脸上的表情都很明显，似笑非笑，绝对不以为然，觉得又是大陆来的人说大话。时隔一年以后，我们完成了1.2亿元港币。事实证明，我们不是说大话。"

对于钱具体怎么赚的，柳传志说这不是秘密，很简单。当时他们的三家公司分别是中国科学院计算所、中国技术转让公司、香港导远公司。一家在国内有技术，另一家公司有可以做资金担保的雄厚背景，香港公司掌握了海外销售渠道。当时他们主要销售一家美国公司 AST 刚刚引进中国的机器。当时计算机与今天不同，今天的计算机因为竞争激烈已经成了新鲜水果，像荔枝一样不能久放，一放就贬值，那时却都是干果，放些时间也没问题。如果他们每月可以卖 200 台，他们订货订 400 台。因为北京联想还可以销 200 台。万一香港的 200 台谁都没卖出去，顶多下个月北京公司再接着卖。这样，多进货价格就大大不同。价格能差 40%。后来他们做到每个月销售两千多台。那一年他们卖了两万多台，进价又比别家低得多，便有了很大利润！所以第一年他们愣是做了 1.2 亿元港币的营业额，净赚了一千多万。

当时，大陆有不少公司也与香港有着合作，但多不愉快。联想的成功无疑证明了策略的正确。这一开头的喜人成绩不但给联想的海外发展增添了信心，也在内地和香港大企业合作方面做出了表率。

谋术深解

互补的合作能够双赢

用自己的长处来弥补别人的短处，拿别人的长处来克服自己的短处。在合作中谋发展，在互补中谋前进。这样双方都能做大，做强，做长久。

商业活动最终目的在于发展自己，但是纯粹不顾别人的自我发展是不可能的。正如人具有社会性而必然会受到周围人群和社会变化的影响一样，单一企业的发展也要受到行业发展、企业发展的影响。社会生活是个大舞台，颇像莎士比亚描写过的那种情景一般："所有的男女都在这儿扮演角色。"每个人都有他们各自登场表演的入场券，他们结成一支互为影响的群体，汇成一股人流，摩肩接踵地在众目睽睽下表演着。企业也如此，具有社会性或群体性。竞争只是企业活动的一个方面，即表现企业个性的方面，而合作则是企业活动的另一个方面，即表现企业群体性的方面。当今社会竞争空前激烈，如果不存在"大鱼吃小鱼"的前提，竞争的双方要是不顾对方的死活，死拼到底，在势均力敌的情况下，只会出现两败俱伤的结局。如果双方在必要时候采取合作对策，也许对双方都有利，因此在商业活动中提倡互惠原则是必要的。

买卖双方中，卖方想赚钱，买方想省钱，表面上看这是一对矛盾，但是买卖双方的关系也是通过这种"赚"与"省"的关系而发生的，两者又在统一体中，没有了任何一方，买卖关系就不存在了。以长远之计去维持这种关系，就需要考虑双方互惠的原则。

借力之要在于借势

古代，一名国王修建陵墓要用一块巨石。一群苦役受命运输巨石。但巨石实在太大了，凭苦役们的力气根本抬不动它。若是耽误了期限，苦役们将会受到严重的责罚。

正当他们一筹莫展时，一名学者经过这里。当他得知苦役们的困扰后，便让苦役砍下一棵棵圆木，放在巨石下面，然后再拉。

借助圆木轮轴的作用，巨石终于能运走了，苦役们按时将巨石送到了地点。

到什么山头烧什么香。借到了"势"，也就借到了在这个山头来去自如的通行证。

要把生意做大，"势"是不能不借的。新到一地，你要借用人家的"地势"，涉足一个新的行业，要借用行业老大的优势，这里我们仍然不能不提到胡雪岩，因为他实在是个善于借势的高手，除我们所熟知的官势之外，可以说胡雪岩做到了借一切可借之势为自己的生意张目。

在商言商，胡雪岩借得最多的是商势，即商场上的势力。

胡雪岩借商场势力的典型一例是在上海，他垄断上海滩的生意，与洋人抗衡，从而以垄断的绝对优势取得在商业上的主动地位。

起初，胡雪岩尚未投入做茧丝生意，就有了与洋人抗衡的准备。

按他的话说就是，做生意就怕心不齐。跟洋鬼子做生意，也要像收茧一样，就是这个价钱，愿意就愿意，不愿意就拉倒，这么一来，洋鬼子非服帖不可。

而且办法也有了，就是想办法把洋庄都抓在手里，联络同行，让他们跟着自己走。

至于想脱货求现的，有两个办法。第一，你要卖给洋鬼子，不如卖给我。第二，你如果不肯卖给我，也不要卖给洋鬼子。要用多少款子，拿货包来抵押，包他将来能赚得比现在多。

凡事就是开头难,有人领头,大家就跟着来了。

具体的做法因时而转变。

第一批丝运往上海时,适逢小刀会起事,胡雪岩通过官场渠道了解到,两江督抚上书朝廷,因洋人帮助小刀会,建议对洋人实行贸易封锁,教训洋人。

只要官府出面封锁,上海的丝就可能抢手,所以这时候只需按兵不动,待时机成熟再行脱手,自然可以卖上好价钱。

要想做到这一点,就必须能控制上海丝生意的绝对多数商户。

和庞二的联手促成了在丝生意上获得优势。

庞二是南浔丝行世家,控制着上海丝生意的一半。胡雪岩派玩技甚精的刘不才专和庞二联络感情。

起初,庞二有些犹豫。因为他觉得胡雪岩中途暴发,根底未必雄厚。随后,胡雪岩在几件事的处理上都显示出了能急朋友所急的义气,而且在利益问题上态度很坚决,显然不是为了几个小钱而奔波,在丝生意上联手,主要是为了团结自己人,一致对外。有生意大家做,有利益大家分,不能自己互相拆台,好处给了洋人。

庞二也是很有担当的人,认准了你是朋友,就完全信任你。所以他委托胡雪岩全权处理他自己囤在上海的丝。

胡雪岩赢得了丝业里七成强的生意,又得庞二的倾力相助,做成了商业上的绝对优势,加上官场消息灵通,第一场丝茧战胜利了。

接下来,胡雪岩手上掌握的资金已从几十万到了几百万,开始为左宗棠采办军粮、军火。

西方先进的丝织机已经开始进入中国,洋人也开始在上海等地开设丝织厂。

胡雪岩为了中小蚕农的利益，利用手中资金优势，大量收购茧丝囤积。

洋人搬动总税务司赫德前来游说，希望胡雪岩与他们合作，利益均分。

胡雪岩审时度势，认为禁止丝茧运到上海，这件事不会太长久的，搞下去两败俱伤，洋人自然受窘，上海的市面也要萧条。所以，自己这方面应该从中斡旋，把彼此的不睦的原因拿掉，叫官场相信洋人，洋人相信官场，这样子才能把上海弄热闹起来。

但是得有条件，首先在价格上需要与中国这面的丝业同行商量，经允许方得出售；其次，洋人须答应暂不在华开设机器厂。

和中国丝业同行商量，其实就是胡雪岩和他自己商量。因为胡雪岩做势既成，在商场上就有了绝对发言权。有了发言权，就不难实现他因势取利的目的。

可以说，在第二阶段，胡雪岩所希望的商场势力已经完全形成。这种局面的形成，和他在官场的势力配合甚紧，因为加征蚕捐，禁止洋商自由收购等，都需要官面上配合。尤其是左宗棠外放两江总督，胡雪岩更觉如鱼得水。江湖势力方面，像郁四等人，本身的势力都集中在丝蚕生产区，银钱的调度，收购垄断的形成，诸事顺遂。因为他们不只行商，而且有庞大的帮会组织作后盾，虽无欺诈行为，但威慑力量隐然存在，其他商户不能不服。

胡雪岩借助的另一股"势"是"江湖势力"。

胡雪岩借取江湖势力是从结交尤五开始的。

王有龄初到海运局，便遇到了漕粮北运的任务。粮运涉及地方官的声望，所以督抚黄宗汉催逼甚紧，前一年为此还逼死了藩司曹寿。

按照胡雪岩的主意，这个任务说紧也很紧，说不紧也不紧。办法是有的，只需换一换脑筋，不要死盯着漕船催他们运粮，这样做出力不讨好，改换一下办法，采取"民折官办"，带钱直接去上海买粮交差，反正催的是粮，只要目的达到就可以了。

通过关系，找到了松江漕帮管事的曹运袁，漕帮势力大不如前了，但是地方运输安全诸方面，还非得漕帮帮忙不可。这是一股闲置的、有待利用的势力。运用得好，自己生意做得顺遂，处处受人抬举；忽视了这股势力，一不小心就会受阻。

而且各省漕帮互相通气，有了漕帮里的关系，对王有龄海运局完成各项差使也不无裨益。一旦有个风吹草动，王有龄也不至于受捉弄，损害名声。

所以和尤五打交道，不但处处留心照顾到松江漕帮的利益，而且尽己所能放交情给尤五。加上胡雪岩一向做事一板一眼，说话分寸特别留意，给尤五的印象是，此人值得信任。

后来表明，尤五这股江湖势力给胡雪岩提供了很大方便。胡雪岩在王有龄在任时做了多批军火生意。在负责上海采运局时，又为左宗棠源源不断地输入新式枪支弹药。如果没有尤五提供的各种方便和保护，就根本无法做成。

胡雪岩很注意培植漕帮势力。和他们共同做生意，给他们提供固定的运送官粮物资的机会，组织船队等，只要有利益，就不会忘掉漕帮。胡雪岩有一个固定不变的宗旨就是："花花轿儿人抬人。"我尊崇你，你自然也抬举我。借人之力，借人之势当然也要能把一己之力之势借予别人。

胡雪岩总能善于应对，认得准方向，把握得准分寸。他对洋场势力的借取，也正是得益于他的这种宏观把握的能力。

在胡雪岩首次做丝茧生意时，就遇到了和洋人打交道的事情。并且遇见了洋买办古应春，二人一见如故，相约要用好洋场势力，做出一番事业来。

胡雪岩在洋场势力的确立，是他主管了左宗棠为西北平叛而特设的上海采运局之后。

上海采运局所管的事体甚多。牵涉和洋人打交道的，第一是筹借洋款，前后合计在1600万两以上，第二是购买轮船机器，用于由左宗棠一手建成的福州船政局，第三是购买各色最新的西式枪支弹药和炮械。左宗棠平叛

由于左宗棠平叛心坚，对胡雪岩看得很重，凡洋务方面无不要胡雪岩出面接洽。这样一来，逐渐形成了胡雪岩的买办垄断地位。

洋人看到胡雪岩是大清疆臣左宗棠面前的红人，生意一做就是二十几年，所以也就格外巴结。这也促成了胡雪岩在洋场势力的形成。

综合胡雪岩经商生涯看，其突出特点就在他的"借势取势"理论。官场势力、商场势力、洋场势力和江湖势力他都要，他知道势和利是不分家的。有势就有利，因为势之所至，人们才马首是瞻，这就没有不获利的道理。

谋术深解

借势增势更易成功

俗话说：强龙难压地头蛇。商人做生意也要借助天时、地利与人和，当生意做大扩展到新的地方时，借助地利是把生意做好的必要条件。

没有一个人能够仅仅依靠自身的力量而不借助外界的力量就能成就大事业，经商谋财也是如此，每一个致力要发财的人都要善于借助外界力量。你没有"势"不要紧，关键在于你要有足够的胆识，敢于借，敢冒风险。只有这样，你才可能成为家财丰厚的富豪。

经济领域是一个神秘莫测的领域，各种各样纷繁复杂的经济现象看上去更是令人眼花缭乱、应接不暇。一般从商者之所以无法发财，或者没有发财，除了自身的种种原因和社会客观原因之外，还有极其重要的一点，就是对经济领域的一种误解。在他们看来，投身经济领域，就意味着要玩弄无穷无尽的黑吃黑，尔虞我诈。其实，这是对经济领域及对真正的商务活动的一种错误的认识。各种各样的经济现象确实是不好把握的，但是，它们的出现却是有规律可循，并不是随心所欲地出现、消亡、再出现、再消亡的。因此，对于从商者而言，如果把整个经济领域看做是一个庞大森严固若金汤的官殿，那么，能够打开这座官殿大门的钥匙就是市场。而要能够真正把握住这把钥匙，法则有许多，而善于借势，在任何时候都是极其重要的。

下篇 谋 势

站在战略高度的商人能拔头筹

俗话说:站得高才能看得远。一个商人如果只想小富即安也就罢了,要想于商海之千帆竞渡中拔得头筹,就必须具备战略家的思维和胸怀,必须能够"身在五行中,跳出三界外",从生意之外入手去做生意。这样才能打理大生意,才能成为某一具有行业控制力的大商人。所谓"功夫在诗外",就是这个道理。

第六章 用长远眼光做长远生意

不能用涸泽而渔的办法求取短期利益。正因为有时短期利益具有相当的诱惑力,才让一些目光短浅者蒙蔽了双眼。实际上,商人也应有远大眼光,以这种眼光作指导,谋势才能谋得远、谋到位,谋出取之不竭的财源。

以静制动是规避风险的良策

动物王国的长跑比赛中,小马遥遥领先,不久就到了一条河边。

由于刚降大雨,河水暴涨,已经远比平日深了许多,小马见状不敢贸然过河。

过了一段时间,一头驴从小马身后赶来,驴子一脚就踩到水中,虽然摇晃了一下才站稳,但水也只淹到驴的脖子。

小马见状，小心地跟在驴后面，慢慢地穿过了这条河流，一上岸便加速前进。

虽然小马在河边耽搁了时间，但最终仍取得了第一名。

生意场上能做到快人一步，速战速决诚然更好，但这其中要冒着巨大的风险。对比来说，以静制动倒不失为规避风险的良策。在一些前景不明朗的领域，由其他人去探路，把"摸石头过河"的任务交给别人，自己尽管迟人一步，但是由于少走了弯路，仍然有可能后来者居上。

李嘉诚无疑是海外投资金额最大的一位香港华人富豪，但对国内投资却明显迟人一步。与此同时，香港不少财团已在中国内地轰轰烈烈干起来，取得骄人业绩。李嘉诚先输一轮，不甘再落后。从1992年起，他把港外投资轴心放到内地市场。正是在这一年，邓小平视察南方经济特区，掀起改革开放的巨浪。中国内地，被世界经济界看成全球最具潜力的投资市场。李嘉诚往往是行动迟人一步，但决策一定，就义无反顾。对于富有闯劲、敢于冒险的人来说，先行一步，占得先机，往往可以得到更大的利益，可是也需要冒巨大的风险。李嘉诚更习惯于后发制人。

李嘉诚性格老成持重，他的座右铭就是"稳健中求发展，发展中不忘稳健"。迟人一步当然也可能丧失先机。但是迟人一步可以将形势看得更清，少走弯路，鼓足后劲，可以更快地迎头赶上。纵观李嘉诚平生的商业活动，可以看出，李嘉诚一贯以稳健为重。在这大风格之下，在创业阶段，李嘉诚多一些闯劲，也敢冒一些险。进入20世纪90年代之后，更注重于守成，因此趋于保守。

比如，在战后崛起的华人财团中，李嘉诚不是率先跨国化的，但他在加拿大一地的投资，没有一个华人巨富可与他论伯仲。李嘉诚在中国内地的投资，亦是如此。

李嘉诚的这种生意之道可谓是"眼快"之后的"迟行"。

其实，稳健是一种见事之明的体现，是在对事情的走向还没有一个结论性的判断之前采取的守势，是规避可见风险的高招。

特别是在进入一个陌生或新的领域时更应"谨慎"和"稳健"，应抱着一种试探的心理，逐步深入，所以应"慎重初战"，对于第一次，应不求有功但求无过。

李嘉诚进入房地产业的时候，房地产还不是大热门，但也绝非冷门。房地产已经成行成市，个中好手在其中创出了许多新意。比如祖籍广东番禺的霍英东于1954年首创卖楼花的销售高招。所谓卖楼花，就是一反原来地产商整幢售房或据以出租的做法，在楼宇尚未兴建之前，就将其分层分单位（单元）预售，得到预付款就动工兴建。

卖家用买家的钱建楼，地产商还可将地皮和未完成的物业拿到银行按揭（抵押贷款），可谓是一箭双雕。

银行的按揭制日益完善。用户只要付得起楼价的10%或20%的首期款，就可以把所买的楼宇向银行按揭。银行接受该楼宇作抵押，将楼价余下的未付部分付给地产商，然后，收取买楼宇者在未来若干年内按月向该银行付还贷款的本息。无疑，银行承担了主要风险。

李嘉诚面对地产界的主流新风潮，作为一个新进者，他冷静地研究了楼花和按揭。

李嘉诚得出结论，地产商的利益与银行休戚相关，地产业的盛衰直接影响银行。正所谓唇亡齿寒，一损俱损。因此，过多地依赖银行，未必就是好事。

根据高利润与高风险同在的简单道理，李嘉诚制定自己的方略。

一是资金再紧，宁可少建或不建，也不卖楼花以加速建房进度。二是尽量不向银行抵押贷款，或会同银行向用户提供按揭。三是不牟暴利，物业只租不售。总的原则是谨慎入市，稳健发展。

1961年6月，廖创兴银行挤提风潮证实了李嘉诚稳健策略的正确。廖创兴银行由潮籍银行家廖宝珊创建。廖宝珊同时是"西环地产之王"。为了高速发展地产，他几乎将存户存款掏空，投入地产开发，因此引发存户挤提。这次挤提风潮，令廖宝珊脑出血死亡。

李嘉诚从自己所尊敬的前辈廖宝珊身上，更加清醒地看到地产与银行业的风险。他深刻地认识到投机地产与投机股市一样，"一夜暴富"的背后，往往是"一朝破产"。

作为地产界的新秀，李嘉诚坚持稳健的步伐。后来，在1965年1月，明德银号又因为投机地产发生挤提宣告破产，全港挤提风潮由此爆发，整个银行业一片凄风残云。广东信托商业银行轰然倒闭，连实力雄厚的恒生银行也不得不出卖股权给汇丰银行才免遭破产。

靠银行输血的房地产业一落千丈，一派肃杀，地价楼价暴跌。脱身迟缓的炒家，全部断臂折翼，血本无归。地产商、建筑商纷纷破产。

而在这次大危机中，李嘉诚损失甚微。这完全归功于李嘉诚稳健发展的策略。

策略成熟，太极舞者未必落后，却有极大可能因站在前人肩膀上而后来者居上。李嘉诚就是这样一个太极舞者。他的眼光之锐利无人能及，而他的柔术功夫、慢行哲学更让人折服，他崇尚的是后发制人。

谋势深解

跟在对手后面更安全

稍慢一步虽然失去了饮"头啖汤"的机会，但有了观察和考虑的时间。把风险交给别人，几经叠加，你会发现收益会更多。

其实这个道理也很好理解，比如长跑选手在进行比赛时都会在半途跟住某位对手，在恰当的时机再超越他；然后再跟住另一位对手，再在恰当的时机超越他！

做生意乃至整个人生也犹如长跑，把挡在你前面的对于当做榜样，跟住他，并且超越他！

长跑，尤其是马拉松比赛，是体力与意志力的比赛，而意志力尤其胜过体力，有人就因为意志力不足，在体力还够时退出比赛；也有人本来领先，但却在不知不觉间慢了下来，被后面的选手赶上。你如果观察马拉松比赛，便可发现这种情形：先是形成一个个小集团，然后再分散成二人或三人的小组，过了中点后，才慢慢地出现领先的个人。

把对手当做你的榜样，只要他还在坚持，你就要跟住他。你要进行分析的工作，看他的本事到底在哪里，他的成就是怎么得来的，平常做事的方法，包括人际关系的经营、能力的增进等等，都要有所了解。你可以学他的方法，也可以用自己的方法下功夫，相信很快就有成绩出现——你慢慢地和他并驾齐驱，然后超越他！

对待对手并不是一定要"不共戴天"。不论各自有何不同，你和他都各有长处和缺点。若是你能坦然地不断活用这些长处与缺点，即可提高你的生存和竞争能力。

肥水浇灌自家田

一家著名的汽车制造公司每年生产着全国1/3的新汽车。近年来，由于经济不景气，利润不断下滑。

新的总裁上任后，为了提高经济效益，从各个方面入手进行改革。他惊人的发现这家年消耗上百万吨钢材的企业却一直从别人那里买钢，其中某些特种钢甚至要进口。从卖汽车中得到的利润，很多都被钢铁厂赚取了。

于是，总裁上报董事会出资买一个大型的钢铁厂。此后，该汽车制造公司虽然仍从其他企业购买原材料，但钢材却大部分由自己的企业提供。

在企业集团化广泛被认可的今天，如一味地去追求单一行业的发展已越来越没有钱赚，只有从垂直业务关系做起，发展相关产业，肥水莫入外人田，生意方可越做越大。

中国有句老话，叫做"肥水不流外人田"，就连种地的农民也懂得自家灌溉的肥水不应流到相邻的土地上去的道理。李嘉诚认为，作为以盈利为目的的商人，如果经商时放弃自己即将到手的商业利益，是连起码的常识也不懂的表现。在这一方面，前人早有成功的经验。

20年代中期，永安堂在上海设了分行，花了很多钱在上海各大报刊登大幅广告，收效很大，万金油在江浙地区畅销。这个事实使万金油大王胡文虎懂得，药品的销路迅速增加，不仅要靠它本身顶用的实惠，报纸广告宣传的作用也不可忽视。他掐指一算，觉得要花那么多钱去登广告，实在不是办法。如果自己有了报纸，岂不是可以大登特登虎标药品的广告？而且有了报社还可以兼营印刷业。四种虎标药品每年需要印大量包装用品及说明书，这笔开支也很大。办了报纸之后，原来支付给人家的广告费和印刷费就变为报社的收入，而且还可以宣传自己，抬高自己的社会地位，真是一举数得。于是他于1929年在新加坡办起了他的第一家报纸，这使他的事业更加迅猛地发展起来。

我们有时常常需要与别人合作而分利于人，这在条件不够充分时是必要的，但如果我们具备了自己把握的实力，就应该采取"不让利法则"，将利润牢牢抓在自己手中。胡文虎开办报社就是这样一招自收广告利润、印刷收入、扩大社会影响的一举三得的妙棋。

而李嘉诚经营地产的成功，与其经营上的不让利法则有着密切的关系。一般的地产公司，其附属业务不外包括建筑、财务及管理而已，而李氏地产的业务却是垂直的，当购入土地以后，几乎内部已有其他业务联合，不假外求，他自己不但有楼的设计图样，还有贸易部门购入建筑材料，亦投资混凝土生产，并设有多家建筑公司，包括电器及消防工程部门。自然，他们还是自行卖楼，并提供售后的财务、保险、管理乃至清洁的服务。这哪是其他公司所能比拟的呢？正是依靠这种"肥水不流外人田"的做法，将本公司相关业务中有利可图的生意都尽量自己做了，从而使公司发展一日千里。

肥水莫流外人田，无论多少，不但适用于企业集团，对中小商户也不无裨益。其实，在从商的过程中，我们不难发现，每一个环节的商品流通都或多或少自有钱图，而且只要能认真地做，不说肥水全都不流外人田，至少可以努力地减少能流外人田的肥水。

谋势深解

四面出击但要把握核心

在企业产品多元化的投资中，发展与主力产品相关的产业是最佳的选择。既克服了技术上的难题，也不会因市场波动出现较大的利益损益，更减少了采购原料或销售成品而受其他商家的盘剥。

成功的多元化能够通过业务之间的资源和技术共享给企业带来巨大的收益，这也就是波特常常提到的协同效应。例如，通过多元化可以将企业原有的人员、技术以及管理经验等优势带到新业务中去，同时还可以充分利用企业现有的销售渠道、物流体系等。当然，企业也可能会针对自己现有的不足，采取并购或者合资的方式，以使这些不足得到弥补，例如某项关键技术。这样，企业可以大大缩短与竞争对手之间的差距，从而有可能进一步取得竞争优势。

在激烈的市场竞争浪潮中，把握方向是很关键的。方向就是旗帜，就是重点，旗帜不倒，企业也不倒。相反，多元化却要求企业在多条线上作战，企业的资源和精力是有限的，如果多条线作战，不但会分散现有的精力和资源，还会让公司在众多的业务面前迷失方向，从而极大地削弱公司的实力，在市场竞争中处于劣势。

可见，业务方向问题很重要，尤其是在多元化过程中，如果没有一个清晰而准确的战略定位，没有自己的核心业务，那么很容易在竞争中沦为失败者。方向怎么样来？方向来自公司的核心竞争力，有方向就会有一个核心业务，整个公司都围绕着这个核心业务运转。

因此，多元化的企业应该先立足于自己的核心业务，稳扎稳打，苦练内功，就像树一样，只有根扎深了，才能长成一棵又高又粗的参天大树。

大胆决策实现跨越式发展

中韩政府间交流，官员私下里交谈。对方问："贵国何时大力发展家庭轿车？"

看到首尔大街上飞奔的上百万辆韩国造家庭轿车，中国官员"谦虚"了一下："我国当前主要是解决老百姓的吃饭问题。"

对方却十分真诚地说："韩国恰恰是在老百姓还吃不上饭的时候，勒紧裤带发展轿车工业的。如果当时只是靠种地找饭吃，恐怕今天大多数的韩国人还在过苦日子，做梦也不敢想象开上自己的小轿车。"

如果不是用这种跨越式的观念指导韩国经济的发展，今日的韩国难以想象。

台塑大王王永庆创业初期遭遇了几近破产的挫折，王永庆在巨变面前没有惊慌失措，而是站在发展的高度，发现问题并以其尖锐的眼光决策问题。人说山有虎，偏向虎山行。

"台塑大王"王永庆当初在计划投资生产塑胶粉时，经查实，国际行情每吨售价是1000美元，因此他认为有利可图。但市场行情是变化着的，等王永庆将塑胶粉生产出来时，国际行情价已经跌至800美元以下。而台塑因为产量少，每吨生产成本在800美元以上，显然不具备竞争力；加上当时外销市场没打开，岛内仅有的两家胶布机厂又认为台塑的塑胶粉品质欠佳，拒绝采用，因此，台塑的产品严重滞销也就可想而知了。

当然，王永庆绝不是那种为过去而后悔的人，他只考虑如何解决目前的困境，他的决定是：明知山有虎，偏向虎山行，继续扩大生产，努力降低成本。

可是，王永庆这种想法受到内外人士的纷纷反对，公司内部的反对意见更是激烈，他们主张请求政府管制进口，加以保护，否则，以现有的产量都已经销不出去了，增加产量不是会造成更加沉重的压力吗？王永庆认为，靠政府保护是治标不治本的短视行为，就像在娘怀里宠大的孩子一样，终究难成大器。要想在市场上长期立足，唯一的办法就是增强自身竞争力。扩产虽然不一定能保证成功，但至少可以有个希望。

1958年，在王永庆的坚持下，台塑进行了第一次扩建工程，使月产量翻了一番，达到200吨。

然而，在台塑扩建增产的同时，日本许多塑胶厂的产量也在成倍增加，成本降低的幅度比台塑更大。相比之下，台塑公司的产品成本还是偏高，依然不具备市场竞争力。怎么办？王永庆决定继续增产，而且不增则已，增就一步到位，不再老是跟在别人屁股后面跑。

为此，王永庆召集公司的高层干部以及专门从国外请来的顾问共商对策。会上，大家一致同意再次扩建。但在规模上却出现了分歧。有人提议，在原来的基础上再扩展一倍，即提高至月产量400吨；外国顾问则提出增至600吨。

王永庆的提议是：增至1200吨。这就是说，产量提高到原来的整整6倍！这一数字惊得在场的所有人直发呆。

外国顾问再次建议："台塑最初的规模只有100吨，要进行大规模的扩建，设备就得全部更新。虽然提高到1200吨，成本会大大降低，但风险也随之增大。因此，600吨是一个比较合理而且保险的数字。"他的这一意见得到大多数人认同。

王永庆则坚持认为："我们的仓库里，积压产品堆积如山，究其原因是价格太高。现在，日本的塑胶厂月产量已达到5000吨，如果我们只是小改造，成本下不来，仍然不具备竞争能力，结果只有死路一条。我们现在是骑在老虎背上，如果掉下来，后果不堪设想。只有竭尽全力，将老虎彻底征服！"

王永庆的一番话，终于使与会者接受了他的观点，连外国顾问都不禁为之折服。

就这样，王永庆的建议获得了台塑高层的一致通过。

但是，扩建计划还不能马上实施，因为增产需要增添设备，而购买新设备需要外汇。按当时的外汇政策，台塑的计划须经过特批。

王永庆将台塑的扩建计划提交给"工业委员会"主管进口设备的第一处处长沈观泰。沈观泰被王永庆的胆识所打动，爽快地批准了王永庆的计划，使台塑的扩建工程得以顺利进行。

1960年，台塑的第二期扩建工程如期完成，塑胶粉的月产量激增至1200吨，成本果然大幅度降低，从而具备了到海外市场竞争的条件。

人们对财富孜孜以求，生意人更是如此。但财富到底何处寻？王永庆的成功告诉我们：在特定情况下，财富宜在险中求。

谋势深解

从自身出发放手一搏

企业在做决策时，应根据企业的自身状况和市场实际需要来考虑。很多时候，需要背水一战的勇气。该大胆的时候就要大胆。

决策是企业的方向和生命，做任何决策，都应该重视逻辑，尊重客观事实，并且始终保持冷静、清醒的头脑。切忌情绪激动，主观臆断。

决策之前一定要经过周密分析，通过计算生产成本、市场需求，考虑销售地点、销售时机等综合因素后，推断决策的可行性，切不可凭主观决断。很多时候，事情都不是想怎么样，就怎么样的。

做决策需要胆大心细，在时间和空间上做文章。因此老板思维空间的大小，决策程序的优劣，决策时机的把握，以及决策执行的力度，决定了决策能否成功。下面就是做决策所必需的三要素：

（1）敢想

企业决策与常人做决定不同，决策者需要做战略决策，非常规决策，比别人高一等、胜一筹的决策。所以决策者首先要敢想，想别人不敢想，创别人不敢创。敢想首先要突破自我，突破思维定式，切忌随大流或人云亦云。敢于思考，敢于创新，是成功决策者的第一大法宝。

（2）慢定

敢想、勇于突破自我是成功的前提，但新奇的想法并不一定都是正确可行的，做决策需要勇气，更需要耐心。一个好的思维变成决策，应该经过一个调查研究、集思广益、上下沟通的过程。当你有了新奇想法时，一定要沉得住气，在拍板之前多问几个为什么。

首先想想市场需求性，其次看看是否符合企业的发展战略，再次算算你是否具有足够的资源，最后问问有没有能够操作你想法的人。

（3）快做

做决策需要耐心，执行决策则需要果断与迅速，厚积而薄发，一发就应，势不可挡，这也有利于及时抓住时机。

执行决策要快，一是需要高效率的工作，否则最好的决策也会被拖垮；二是要提高士气，大家形成一种冲劲，紧密配合，一鼓作气。在高效率的执行中，暴露的问题可尽快解决。

敢想开阔了思路，创造了点子；慢定使决策准确，符合实际；快做保证了决策的良好运用。

如果想成为一名成功的决策者，还需要具备以下素质：

（1）要有较多的专业知识。特别是要有丰富的本行业的专业知识和工作经验，并且要从感性认识提高到理性认识；要了解数学、信息论、控制论、系统论等基本知识；要熟悉并了解经济的发展趋势。

（2）要有敏锐的目光和创新精神。决策者要目光敏锐，有辨别分析的能力，能一针见血地看出问题的症结和本质；同时，思路要开阔，有创新精神。如果不善于发现问题或者安于现状，就不能在竞争中前进，不能始终站在形势发展的前列。

（3）要善于听取和选择意见。在决策之前，要认真听取各方面的意见，要善于团结与自己意见不同的人，善于从众说纷纭中找到自己所需要的内容，从而获得对事物的正确认识。切忌自己先有结论然后去搜集意见来论证自己的结论。

（4）要有决断的魄力与组织能力。决策是为了解决问题。各种方案通过民主讨论之后，你要果断地加以集中做出决定，随即组织力量加以实施。在决断时，要正确对待"折中"问题。正确的折中是在确定应该怎么办的基础上做适当的让步；不正确的折中是过多地考虑如何能使别人接受，不惜放弃正确的方案。决断也有个抓紧时间的问题，不能坐失时机，应该当机立断。做出决策之后，就要付诸实施，组织全体人员认真执行。但在控制执行情况、分析反馈信息之后，如发现有些问题证实决策失误时，也要勇于承担过失，果断地加以修正。

赔钱的事也不妨一做

19世纪，一名探险家准备到非洲内陆探险。可当他准备好一切正要出发时，传来一个消息：原先的赞助人破产了。

怎么办？如果按计划开始探险，则意味着今后的费用将由他一个独自承担；如果放弃，那么前期的努力准备都将白费。

这名探险家最终还是变卖了许多家产，开始踏上探险之路。

一年后，他从非洲返回，带回了一个又一个惊人的发现，虽然因为这次探险使他赔进了大量的金钱，但他从此声名远扬。

商人求利天经地义，但如果掉进钱窟窿爬不上来，只认利益不认人，也不是一条长远的生意之道。

同仁堂是我国中药行业的名牌老店，迄今已有300多年的历史。同仁堂创立之初便以"济世养生"为宗旨，正是凭着这一条，同仁堂在出现突发事件时也不乘人之危，凭着良好的信誉，同仁堂在现代医药业发达的今天，依然屹立不倒。

同仁堂的创始人是清代名医乐显扬，他尊崇"可以养生，可以济世者，唯医药为最"的信条，把行医卖药作为养生、济世的事业，他办了同仁堂药室，他说："同仁，二字可以命堂名，吾喜其公而雅，需志之。"在随后的经营中，他也一直遵循无论贫富贵贱，一视同仁的原则。俗话说在商言商，那么商家逐利当是无可争议的道理。但同仁堂却不是一个只言商逐利的商家，而更像一个救死扶伤、济世养生的医家。实际上，商与仁的结合正是同仁堂历经数百年磨难而不衰的秘密。同仁堂利用了医家的优势，将"同修仁德"的中国儒家思想融入日常点滴之中，形成了济世养生的经营宗旨，并在此过程中创造了崇高的商业信誉，形成了同仁堂独树一帜的企业文化。

同仁堂从创办起就十分重视企业形象的树立。如设粥场，为穷苦百姓舍粥；挂沟灯，方便过路人；赠平安药，帮助各地进京赶考的人……通过这些具体的行善活动，在老百姓心目中树立起了同仁堂的良好形象。

1988年，我国上海等地突发甲肝疫情，特效药板蓝根冲剂的需求量猛增，致使市场上供不应求，有些企业趁机抬高药价。当时，到同仁堂购买板蓝根冲剂的汽车也排起了长队，存货很快销售一空。

为了尽早缓解疫情，同仁堂动员职工放弃春节休假，日夜加班赶制板蓝根冲剂。这时，有人议论：这下同仁堂可"发"了。其实他们哪里知道，同仁堂不但没有"发"，反而是在加班赔钱。因为生产板蓝根冲剂所必需的白糖早已用完了，一时又难以购进大批量平价白糖，只好用高价糖作为原料，以致成本超出了售价。出于企业承受能力的考虑，也有人提出应适当提高板蓝根冲剂的出厂价，但同仁堂的领导坚决否定了这个建议。道理很简单，"同修仁德"是同仁堂的传统，乘人之危不符合"济世养生"的宗旨。他们坚持将高价生产的板蓝根冲剂按原价格批发出厂，甚至还派出了一个由8辆大货车组成的车队，一直把药品送到上海。

这场疫情中，同仁堂虽然赔了钱，却赢得了良好的商誉，在南方地区又新交了许多忠实的朋友。可以说，这是几十万元广告所达不到的效益。

现在，北京同仁堂药店内又开办了同仁堂医馆，聘请了20多位全国知名的名老中医坐堂就诊，每天到这里看病购药的患者多达数百人，相当于一个中型医院的门诊量。这又是同仁堂的一个高招：一方面弘扬了中华医术，实行了济世养生的古训；至于另一方面经济上的实惠，这里就不必多说了。

康熙四十五年，乐显扬之子乐凤鸣在《乐氏世代祖传丸散膏丹下料配方》一书的序言中"炮制虽繁必不敢省人工，品味虽贵必不敢减物力"的古训，为同仁堂制作药品建立了严格的选方、用料、配比、工艺乃至道德的规范。此后，同仁堂在长期的制药实践中，又逐步形成了"配方独特，选料上乘，工艺精湛，疗效显著"的特色。

在同仁堂，诸如"兢兢小心，汲汲济世"，"修合（制药）无人见，存心有天知"等等戒律、信条，几乎人人皆知。如果谁有意或无意违背这些信条，他不仅要受到纪律的制裁，还将受到良知的谴责。比如同仁堂炒炙药材，规定操作人员必须时刻守在锅边，细心观察火候，不时翻动药料。有一次，一位职工由于对这一要求的真谛认识不深，在装料入锅后暂时离开了一会儿。老师傅发现后，大发雷霆："像你这么干，非砸了同仁堂的牌子不可！"全组6个人，也轮番地批评他。此后几十年中，他当班作业总是兢兢小心，再也不敢有丝毫马虎，当然也就从未出现过丝毫纰漏。

"亲和敬业"是同仁堂的服务宗旨。同仁堂作为商家，当然要获取利润；同仁堂作为医家，又负有对患者负责的天职。特别是在药品流通到患者手中的过程里，琐碎点滴都十分重要，需要经销部门有非同寻常的敬业精神。

一次，同仁堂药店接到一封山西太原的来信，说一位顾客从同仁堂抓的药缺了一味龟板，并附有当地医药部门的证明。同仁堂不敢怠慢，立即派两位药工风尘仆仆地赶往太原。经查验，药中并不少龟板，只是在当地抓药龟板是块状的，而同仁堂为了更好地发挥药效，把龟板研成了粉末。误会消除了，同仁堂又一次用真情赢得了顾客的信赖。

在疫情来临之际，同仁堂加班加点制造板蓝根冲剂。在别人的眼中同仁堂发了，但它却赔了本。不过也因此而赢得了声誉，同仁堂对疫情的正确对待，不失为一个英明的点子。

谋势深解

生意场上能舍才能得

　　一笔两笔生意上的赔钱换回的是好名声，换回的是更多的名声，换回的是更多的客户。这种赔钱从另一个角度看等于是投资宣传做广告。

　　顾全大局，舍卒保车是一种深远的谋略，是一种宽柔的智慧。古往今来，多少仁人志士甘愿在名誉上受点玷污，而成就更大的事业。古人云："立名难而坏名易。"好名声的建立是很难的，而破坏名声只在一时一事之中。所以名节上的损失绝非小事，勇于牺牲名节，必定是为了更大的目的。这就是顾全大局，对于这个大局来说，名节就是"卒"，为了得到大局这个"车"，失去这个"卒"是不可避免的。

　　为人处世如此，做生意亦如此。在生意场上要做到顾全大局，就必须临危不乱，关键时刻不能患得患失于小益小利，要善于分清眼前利益与长远利益，能够舍卒保车，为了更大、更长远的利益舍弃眼前的利益。在相对小的利益面前装糊涂、不动心是每一位渴望大成功的经营者所必备的素质。

　　有一句话叫"好予者，必多取"，小的损失可以换取大的利益。因此从某种意义上说，得失问题就是对贡献与索取、获得与舍弃之间关系的平衡和把握。

　　有没有像动物那样只想得不想失的？当然有。何谓贪得无厌？何谓极端自私？说白了，就是只想得不想失，而且只想多得，一点都不想失。不过，最后的下场总是不那么光彩的。

　　有没有不在乎个人得失的人？也有。有的人不计名利，只是奉献，为了他人的幸福，宁可自己少得或不得，宁可失去自己的利益，从不斤斤计较。有的为了某种主义、某种思想，甚至于牺牲自己的性命，也在所不惜。

替顾客省钱也是为自己赚钱

阿里像往常一样去菜市场买菜。

今天，他从一位老大爷那儿买一元钱的白菜。买完之后，阿里随口说是用来做汤的。老大爷听了之后对阿里说："做汤，只用八角钱的白菜就够了。你不用买那么多，退回一些吧！"

阿里听了十分惊讶，因为蔬菜容易腐烂，一般卖菜的人都希望顾客多买些，而这名老大爷却帮顾客考虑，帮他们省钱。

此后，阿里每次买菜都去老大爷那儿，即使那儿没有自己要的，他也乐得转上一圈。

别人的钱花起来总是感觉不怎么心疼，因为那是别人的嘛。好多商人的做法也与此类似，因为是客户掏钱而非自己，但并非所有的商人都是这样。

寇克旅游公司是美国人寇克开办的一家旅游公司。寇克曾说："虽然观光旅行是花钱的玩意儿，但作为一个旅行事业的经营者，一定要把客人的钱包当作自己的钱包。替他们能省一文就省一文。万万不可因为他们不熟悉外地的情形，而胡乱开价，抓他们的冤大头。"

他所说的这句话，一直被这一行业的人奉为金科玉律，他的公司也以此作为宗旨，在开拓各项旅游业务的同时，不断提高服务质量，从而最大限度地满足各层次顾客的要求。

一个真正的企业家，他的经营方针或多或少都有个远大的目标。这一远大的目标，不是以赚钱为目的，而是要完成他心中长久以来形成的抱负，换言之，这些企业家们虽然开始时是以利己为出发点，但最终的境界却是利人的。

1851年，正值在伦敦水晶宫举行世界博览会，寇克抓住这个机会，想大大的做一笔生意，只是感到人手不够，于是寇克就让儿子充当他的得力助手。这次的博览会，寇克父子公司总共带去15.6万名参观者。他儿子负责在伦敦的接待工作，替客人安排交通工具、住宿，做得有条不紊，使客人感到没有一点不方便的地方。每批客人在去博览会之前，小寇克都扼要地把值得看的东西说明一遍，而且把参观路线印成小册子，每位游客发一本，好让他们在参观时"按图索骥"。另外，小寇克为每位游客准备一顿廉价的午餐，以减轻他们的负担。因为博览会里面的饮食贵得吓死人，虽然去的人并不一定在乎，但能省钱总是令人高兴的。

这些服务，对现代的旅行社来说，已算不得什么特别措施，但在那个保守的时代，这些措施是很新的创举，而且也符合了寇克的经营原则："尽可能地使客人方便舒适；尽可能地替客人省钱。"

4年之后，博览会在巴黎举行，寇克一次买下了40万张票，后来游客太多，他又增订 10 万张。仅仅 4 年的时间，他代理的游客增加了三倍还多，这一增长率实在是够惊人的。

由于寇克的做法处处为旅客省钱，并能使旅客感到新奇，不到几年的时间，寇克父子公司不仅在美国声名鹊起，就是在世界各地也逐渐建立起好的名声。

其实，不管是为客户省钱，还是为客户寻找贸易机会，这都是优质服务的体现。

作为一个旅游公司的创始人，寇克从旅客的角度出发，替旅客考虑，为旅客着想，并订立一系列服务原则作为公司服务的宗旨，坚持不断地加以贯彻，从而使该公司在现今仍能在国际旅游业中处于领先地位。寇克曾经说："我们要把所有委托本公司代理的旅客都当作即将出远门的朋友，只要根据这种精神去做，寇克公司永远不会被别人取代。"

谋势深解

先赢人心然后赚钱

在商家林立的今天，挑剔的顾客自然会货比三家。只有那些质量和服务让他们信得过，而且在感情上容易亲近的商家才能消除他们的戒备，使他们乐于打交道。替顾客着想，就能赢得顾客的心。

商场如同战场，如今的市场竞争，已经演变为商品质量、价格、售后服务和企业形象、信誉以及与消费者的关系等全方位的竞争。特别是与消费者的关系、情感，在商品营销中的作用越来越显得重要。感情能转化人的认识，感情能调节人的行为，在商家林立、货比多家的情况下，人们自然更愿意到信得过、感情亲近的商家购物。对此，一位美国著名企业家深有体会地道出："现代商战的胜利，不在乎你占据多少个商场，而在乎你占领多少个消费者的心，占领了消费者的心，你就拥有了一切。"中国的学者亦精辟地指出：在激烈的市场竞争中，商战的赢家是人心与金钱的双赢。

每个企业都要有这样的认识，"消费者是企业的上帝"，企业若没有了消费者，产品销售不出去，那么企业也就不能生存。单就此一点来说，企业必须紧密联系用户，小企业比大企业更直接面对消费者，和消费者的关系如何，对小企业的生存和发展也就更为重要。只是在销售时想一下消费者，实际上是企业同消费者最低级的联系。可以说最糊涂、最不中用的企业经理也会想到这一点。实际上，企业同消费者联系的渠道远不止此。

事实上，企业紧密联系用户早已走出单纯向用户销售产品的阶段。企业为满足消费者需要，在企业经营的每一个角落都引入了消费者意见，比如企业产品的制造、研究开发、花样品种、价格等都参考了消费者的意见。销售只是企业产品的最终实现，而要想完成产品的最终实现，那无论是产品的质量、规格还是价格，消费者能接受才行，这也就是要求企业必须在经营的每一个阶段都密切联系用户。一方面是满足他们的要求，另一方面是引导需求，即企业开发某种新产品，因为这种新产品预见到了用户的潜在需要，因而使用户的需求朝这方面转移。这种紧密联系用户潜在需求的思想是企业新产品开发成功的关键。

企业紧密联系消费者，甚至让客户参加企业产品的设计、定价，对企业在消费者心中的形象是有利的。这一方面给用户一种认真服务的精神,使消费者与企业建立起信任和感情;另一方面,也使用户对企业多一分理解。这样,才能建立起长期互利的联系。小企业经理对此应有足够的重视。

第七章 做个明察利外之势的高明商人

商人天天在钱堆里摸爬滚打，往往养成眼睛向内的习惯，不管什么事都是只盯住利益二字。这样的商人充其量只能说精明，而跳出利益之外，明察利外之势的商人打的才是铁算盘，甩的才是大手笔，也才能称得上"高明"。

做生意要善于烧冷灶

宋朝中期，宋神宗倾向变法，宰相司马光在与政敌王安石的斗争中落败。

当司马光任宰相时，众多的门生故吏云集在他的周围，被罢相后，却人人唯恐避之不及。只有一个叫陈丁的小官吏仍追随在他身边。

多年后，王安石的新法被废止，司马光重新出任宰相。而一直跟在他身边的陈丁从此平步青云，一跃而入朝廷的中枢。

我们常由衷地佩服有些人做生意实在高明，一般经商者避之唯恐不及的事情到他那儿就成了天赐良机。他们高在何处？说白了就是对事物的洞悉更深刻，能见人所不能见。要想在商场上高歌猛进还真得炼就这样一双火眼金睛。

在清代商圣胡雪岩的商战经典中，就有一个烧冷灶培植生意资源、拓开大局面的例子。

胡雪岩的阜康钱庄刚开业，就遇到了这样一件事。浙江藩司麟桂托人来说，想找阜康钱庄暂借2万两银子，胡雪岩对麟桂也只是听说过而已，平时没有交往，更何况胡雪岩听官府里的知情人士说，麟桂马上就要调离浙江，到江宁（南京）上任，这次借钱很可能是用于填补他在任时财政上的亏空。而此时的阜康刚刚开业，包括同业庆贺送来的"堆花"也不过只有四万现银。

这一下可让胡雪岩左右为难，如果借了，人家一走，岂不是拿钱打水漂？连个声音也听不到。即使人家不赖账，像胡雪岩这样的人，总不可能天天跑到人家官府去逼债吧。2万两银子，对阜康来说也是一个不小的损失。

俗话说，"人在人情在，人一走茶就凉。"一般钱庄的普通老板碰到这种事大约会打个马虎眼，阳奉阴违一番，几句空话应付过去。不是"小号本小利薄，无力担此大任"，就是"创业未久，根基浮动，委实调度不开"。或者，就算肯出钱救急，也是利上加利，乘机狠宰一把，活生生把那麟桂剥掉几层皮。

但胡雪岩的想法却是：假如在人家困难的时候，帮着解了围，人家自然不会忘记，到时稍微行个方便，何愁几万两银子拿不回来？据知情人讲，麟桂这个人也不是那种欠债不还、要死皮赖账的人，现在他要调任，不想把财政"亏空"的把柄授之于人，影响了自己仕途的发展，所以急需一笔钱来解决难题。想明白后，胡雪岩马上决定"雪中送炭"。他非常爽快地对来人说：

"好的，一句话。"

答应得太爽快，反倒使来人将信将疑，愣了一会儿才问出一句话："那么，利息呢？"

胡雪岩想了一下，伸出一个手指头。

"一分？"

"怎么敢要一分？重利盘剥是犯王法的。"胡雪岩笑道，"多要了，于心不安，少要了，怕麟大人以为我别有所求，不要，又不合钱庄的规矩，所以只要一厘。"

"一厘不是要你贴利息了吗？"

"那也不尽然。兵荒马乱的时候，有很多富家大户愿意把银子存在钱庄里，不要利息，只要保本的。"

"那是另一回事。"来人很激动地对胡雪岩说："胡老板，像你这样够朋友的，说实话，我是第一次遇见。彼此以心换心，我也不必客气。麟藩台的印把子，此刻还在手里，可以放两个起身炮。有什么可以帮你忙的，惠而不费，你不必客气，尽管直说。"

听到这样的话，胡雪岩再不说就显得太见外了。于是，他沉吟了一会答道："眼前倒还想不出，不过将来麟大人到了新任，江宁那方面跟浙江有公款往来，请麟大人格外照顾，指定由阜康汇兑，让我的生意可以做开来，那就感激不尽了。"

"这是小事，我都可以拍胸脯答应你。"

等来人一走，胡雪岩马上把刘庆生找来，让他凑2万银子给麟桂送过去。

刘庆生为难地说："银子是有，不过期限太长恐怕不行。咱们现在手头现银不多，除非动用同业的'堆花'，不过最多只能用一个月。"

"有一个月的期限，还怕什么？萝卜吃一截剥一截，'上忙'还未了，湖州的钱粮地丁正在征，十天半个月就有现款到。"胡雪岩继续说道："我们做生意一定要做得活络，移东补西不穿帮，就是本事。你要晓得，所谓'调度'，调就是调动，度就是预算，预算什么时候有款子进来，预先拿它调动一下，这样做生意，就比人家走在前头了。"

"既然如此，我们不妨做得漂亮些，早早把银子送了去。借据呢？"

"随他怎么写法，哪怕就是麟藩台写个收条也可以。"

这样的做法，完全不合钱庄规矩，背的风险很大。不过，刘庆生知道胡雪岩与众不同，所以也不多说，按照胡雪岩的吩咐去办理。

胡雪岩这一宝算是押对了，立马收到了成效。那麟桂没想到胡雪岩办事如此痛快，而他们两人过去从未打过交道，胡雪岩竟然如此放心地把钱借给了他，不禁使麟桂从心里佩服胡雪岩的爽快。于是，他报之以"李"，在临走前，特意送了胡雪岩三样"大礼"。

一是钱业公所承销户部官票一事，已禀复藩台衙门，其中对阜康踊跃认销，特加表扬，麟藩台因为公事圆满，特别高兴；又因为与阜康的关系不一般，决定报请户部明令褒扬"阜康"。这不但在浙江提高了"阜康"的名声，将来京里户部和浙江省之间的公款往来，也都委托"阜康"

办理汇兑。

二是浙江省额外增收，支援江苏省镇压太平天国的"协饷"，也统统委由"阜康"办理汇兑。

三是因麟桂即将调任江苏，主要负责江南、江北大营的军饷筹集，阜康可以在上海开个分店，以后各省的饷银都经过阜康钱庄汇兑到江苏。

胡雪岩以区区两万银子，不仅使"阜康"得到了一笔不小的生意，而且还将生意做到了上海和江苏去，这正是胡雪岩求之不得的事情。而且，有了各省的饷银，以后到上海做生意，就不再愁资金短缺的事了。"烧冷灶"的利益回报，一下就显现出来。

与其说胡雪岩是个经商的高手，不如说是个烧冷灶的高手。就事论事，麟藩台在任时显然是个热灶，一般人包括胡雪岩把脸凑上去说不定只能贴个冷屁股。在其人走茶要凉之际，多数人只看到放银给他的风险，而胡雪岩在风险之外看到的是送上门来的摇钱树。胡雪岩烧冷灶绝非仅此一端，像前述的他能把生意做到左宗棠头上，也是冷灶烧得其时的结果。

烧冷灶靠的是眼睛，看的是火候。所谓对症下药，才能药到病除，否则可能就成了出力不讨好。

谋势深解

冷庙烧香更划算

"烧冷灶"可以避免趋热门时所面临的激烈竞争，属于长远投资的类型。

　　世事沧桑，复杂多变，实难预料。荣枯盛衰是常伴之物。既有逐步攀升的人，也有失足没落的人。一度失势的人在某种机缘下再度翻身爬起来的例子并不在少数。如果等到失势的人再度成功才去攀附交情，则为时已晚矣。就像买原始股票以赚大钱一样，在别人失势时伸出援手，在他得势时，就能收到丰厚的回报。

　　有些不得势的人，无论你怎样去帮他，也不会给你带来任何好处。比如有些失势的人，他犯了大错误或者犯了非常大的过失，根本就没有东山再起的可能，再说你与他交往，给他施以援手，还要冒一些风险，受到他对手的指责和忌恨，这种得不偿失的事当然还是不要去做为妙。

　　与不得势的人交往，有很大的学问，具体情况要具体对待，有时还要现实一点。对那些没有希望时来运转的失势者，再帮也无益。而对那些一旦时来运转就能帮你出力办事的失势者，就要适时拉他一把，帮他脱离困境。

　　如果你认定某个不得势的人只是暂时不得势，将来会大有作为，必定是个成功人物，那你就该多多交往。或者乘机进以忠言，指出其失败的原因，勉励他改过向上。如果自己有能力，更应给予适当的协助，甚至施与物质上的救济。而物质上的救济，不要等他开口，要随时采取主动。有时对方很急着要，又不肯对你明言，或故意表示无此急需。你如得知此情形，更应尽力帮忙，并且不能有丝毫得意的样子，一面使他感到受之有愧，一面又使他有知己之感。

　　寸金之遇，一饭之恩，可以使人终生铭记。如果你的朋友当中，有怀才不遇，暂时很不得势的人，请不要疏远和冷落他，应该伸出热情之手，给予帮助和关心。一旦他日后否极泰来、时运亨通，他第一个记起来的就是你，他第一个要还人情的当然是你，到那时你找他办事情他肯定也会伸出热情之手的。

做生意要估清情势

　　古时候，一个小国家因水灾造成粮荒。邻国的一名大商人见状组织了一批粮食运往受灾国准备卖个好价钱。由于该国粮食官营，商人只有卖给政府。可当他到达后，才发现政府收粮食的价格并没有上涨。

　　商人几经打探得知该国的确缺粮，但又不甘心因此被商人盘剥，便对外来商人一律仍保持原价。商人便走访其他外来客商，几经斡旋大家达成一致，除非提价，否则都不出售。

　　不久，受灾国的粮库耗干，买不到粮食的民众对政府渐渐不满，小范围的动乱已频繁出现。该国政府不得已，只好高价从商人手里买粮。

　　做大生意处处有门槛儿，处处有关节。同样一笔生意有的人做得成，有的人做不成，有的人赚得多，有的人赚的少；有的人把大生意做小、做赔，有的人把小生意做大多盈，关键在于"见机"二字。眼睛明亮才能在关节处见得清，有门坎处迈得过。

　　如果要问兵荒马乱的世道，什么生意最赚钱？人们肯定会回答："军火！"但要做军火生意却非一般人能行的，许多有钱的主儿看着别人倒卖军火发大财，就是干着急没办法，为什么？就是因为缺乏做军火生意最基本的条件。而在这方面，胡雪岩可谓具有得天独厚的优势。

比如刚刚与古应春和尤五商定做一把军火生意，一切还都没有眉目，八字都没有"一撇儿"，胡雪岩心里就估计情势：凭自己在浙江官面儿上的关系，只要自己把洋枪弄回去，浙江当局肯定会买。既然如此，那就不妨来它个双管齐下，一边与洋人交涉，一边带着现货回杭州。如果团练不用洋枪，实在没办法，就让王有龄买下来，供他的府台小卫队使用，反正烂不到自己手里。

主意一定，胡雪岩马上找到买办古应春，一起去与洋人商谈。

一路上，古应春不断向胡雪岩介绍洋人的礼节、习惯和规矩，不知不觉来到一座小洋房门前。长着满脸大胡子的哈德逊大踏步迎了出来。胡雪岩已打定主意，反正自己不懂洋规矩，古应春怎么做他也跟着照猫画虎，看他起身自己亦起身，看他握手自己也握手，总不会错到哪里去。只有古应春跟洋人谈话时，胡雪岩只能看他们脸上的表情。

表情很不好，洋人只管耸肩摊手，而古应春则是大有恼怒之色，然后声音慢慢地高了，显然起了争执。

"岂有此理！"古应春转过脸来，怒气冲冲地对胡雪岩说，"他明明跟我说过，贸易就是贸易，只要有钱，他什么能卖的东西都愿意卖，现在突然又反悔了，说跟长毛有协议，卖给了他们就不能再卖给官军。我问他以前为什么不说，他说是领事最近才通知的。又说，他们也跟中国人一样，行动要受官府约束，所以身不由己。你说气人不气人？"

"你跟他说，知道他们跟谁签了约吗？那是一伙与合法政府作对的乱民。"

哈德逊耸耸肩，说自己是商人，商人只管做生意，而不问对方是谁，哪怕他是魔鬼也不管。

胡雪岩再次反问道："那就不对了。朝廷跟英国人订了商约，开五口通商，我们反而不能跟他通商，朝廷讨伐的叛逆倒能够跟他通商，这是啥道理？"并威胁说，根据《五口通商》的规定，朝廷保护的是外国商人在华的合法经营，如果与反对朝廷的乱民做军火生意，无疑是反对中国政府，还能受到保护吗？

这一招很厉害，哈德逊无言以对。胡雪岩抓住要害，进一步说，如果朝廷得知这笔非法交易，派兵截获军火，那时你不但血本无归，还要被政府追究责任，利弊如何，不是明白无疑吗？哈德逊苦笑着，耸耸肩膀，两手一摊，表示无可奈何。他狡辩说，枪支已经启运，很快到达上海，若中途毁约，将蒙受巨大损失。胡雪岩告诉他，自己可以代表浙江地方当局买下这批军火，并可提高出价。哈德逊两眼一亮，连叫"OK"，表示可以重新考虑。胡雪岩盯住他说，"不是考虑，而是必须！"否则自己将运动所有力量，破坏他们同太平军的交易。

哈德逊将信将疑，转向古应春，询问胡雪岩在中国官场上的影响和势力究竟有多大，为什么说话口气这么大。古应春告诉他，中国有句老话，叫做"有钱能使鬼推磨"，胡雪岩不仅与众多官员有很深的交情，而且他的钱财足可以买下浙江半个省的地皮，相当于英伦三岛中的一个。哈德逊惊得张大嘴巴，连连伸出拇指比画，胡雪岩的"硬气"立刻降伏了他。哈德逊明白与胡雪岩这样的官商打交道，要比与"乱民"来往有利得多。

没费多大力气，哈德逊就放弃了原来的打算，与胡雪岩商谈起购买枪支的具体细节。胡雪岩允诺把每支枪的价格提高一两银子，哈德逊高兴得手舞足蹈，斟满一杯酒，同胡雪岩碰杯，庆贺生意成交，并主动送胡雪岩一支最新式的"后膛七响"以表敬意。

表面看来这个生意是泡汤了，但在胡雪岩眼里，对方要什么、怕什么、疑什么一清二楚。在这样的火眼金睛面前，他哪里还逃得出如来佛的手心。

还有一事，也充分显出胡雪岩见一关节迈一门槛儿的"商功"。左宗棠西征前，为了筹足先期必用的120万两银子，胡雪岩决定向洋人借款。平时向外国银行借钱，10万或者20万银子，只凭胡雪岩一句话就可以借到。因为120万两不是个小数目，是银行从来没有贷放过的一笔大数目，因此，难度很大。就连见多识广的古应春也很坦率地对胡雪岩说："小爷叔，这件事恐怕难。"

但西征大业成败和左宗棠封爵以后能不能入阁拜相的关键都系于此，关系真个不轻。倘或功败垂成，如何交代？所以，胡雪岩是志在必成。他对古应春说："我也知道难。不过一定要办成功。"

见胡雪岩决心已定，古应春不再劝阻了。胡雪岩从不畏难，徒劝无效；他知道自己唯一所能采取的态度，便是不问成败利害，尽力帮胡雪岩去克服困难。

为了保守机密，古应春将英国汇丰银行的麦林约在新成立的"德国总会"与胡雪岩见面，一坐下来便开门见山地谈到正题。麦林相当深沉，听完究竟，未置可否，先发出一连串的询问："贵国朝廷对此事的意见如何？"显然，他不相信胡雪岩一个商人能有如此气魄和胆识。

"平定回乱在中国视为头等大事。"胡雪岩透过古应春的解释回答说："能够由带兵大臣自己筹措到足够的军费,朝廷当然全力支持。"

"据我所知,中国的带兵大臣,各有势力范围。左爵爷的势力范围,似乎只有陕西、甘肃两省,那是最贫瘠的地方。"

"不然。"胡雪岩不肯承认地盘之说,"朝廷的威信,及于所有行省;只要朝廷同意这笔借款,以及由各省分摊归还的办法,令出必行,请你不必顾虑。"

"那么,这笔借款,为什么不请你们的政府出面来借?"

"左爵爷出面,即是代表中国政府。"胡雪岩说,"一切交涉,要讲对等的地位;如果由中国政府出面,应该向你们的.户部.商谈,不应该是我们在这里计议。"

麦林深深点头,但紧接着又问:"左爵爷代表中国政府,而你代表左爵爷,那就等于你代表中国政府。是这样吗?"

这话很难回答。因为此事,正在发动之初,甚至连左宗棠都还不知道有此借款办法,更谈不到朝廷授权。如果以讹传讹,胡雪岩便是窃冒名义,招摇辱国,罪名不轻。但如不敢承认,便就失去凭借,根本谈不下去了。

想了一会,他含含糊糊地答道:"谈得成功,我是代表中国政府;谈不成功,我只代表我自己。"

"胡先生的词令很精彩,也很玄妙,可是也很实在。好的,我就当你是中国政府的代表看待。这笔借款,原则上我可以同意,但还有一些细节需要再商谈。"

就这样,经过胡雪岩的巧妙斡旋,以模棱两可的身份,把这笔大借款做成功了。胡雪岩的成功关键在于对当事双方的情势一清二楚，这样对症下药，自然药到病除。

谋势深解

搞好调研再做决策

生意人要有一个机灵的头脑，以便在商业活动中随机应变。很多时候，我们做决定时都没有闲暇去考虑，这时，就要依据客观形势去决定。

有的企业在进入新的产业市场之前对市场调研置若虚无，甚至是先决策再调研，而不是先调研再决策，市场调研成了表面文章，为决策寻找理由。这样使市场调研流于形式，计划不周，方案不明确，组织策划不科学，管理不到位，监控反馈不及时，人员工作不认真，甚至弄虚作假，以应付公差等等。没有市场调研和不重视市场调研，都会造成决策的失误，给企业发展带来极大的不确定性，增加了企业经营发展的风险。

对大企业来说，一项决策一旦做出，会涉及方方面面，计划、生产、营销、财务、人事等各个部门都会受到牵动，其成本可想而知。而一个小的企业，规模小，部门人员少，其经营成本就比较低，一旦发现市场不对头，就可以轻松地退出，正所谓船小好掉头。小企业可以不断寻找市场机会，谋求发展。而大企业则不然，一步走错，全盘瘫痪，会大伤元气。

市场调研是为决策服务的，而决策决定着产业进入的成败。现代管理学大师西蒙在其经典著作中强调了决策的重要性，他说，企业的发展靠管理，管理的关键是决策，决策是企业发展的生命。一项决策的制定是最简单的，也是最复杂的。说简单，因为一项决策的做出只是一念之间的事情；说复杂，因为它需要有大量的前期工作来支持。是否进入某个市场、发展某项产业，要做出决策，既需要对这个产业的了解，也需要决策者的经验，两者都是不可缺少的。决策者的经验因人而异，但对市场和产业的了解却是需要付出努力的。

对产业发展的前景、趋势、特点、发展的规律、国家的政策以及企业自身的人员、技术、资金等情况都要做出认真细致的调查研究与分析，对投产、市场进入、销售额、利润、市场增长率等因素做出符合实际的计算与预测。市场调研也要当作一个系统的工程来做，要有严密科学的计划、组织、执行、监控等职能，每一个流程、每一个环节都要细致而严密，任何一个小问题都要认真来解决。

做生意应学会看清财势走向

有一个聪明的男孩，一天，妈妈带着他到杂货店去买东西，老板看到这个可爱的小孩，就打开一罐糖果，要小男孩自己拿一把糖果。但是这个男孩却没有任何的动作。几次的邀请之后，老板亲自抓了一大把糖果放进他的口袋中。

回到家中，母亲很好奇地问小男孩，为什么没有自己去抓糖果而要老板抓呢？小男孩回答得很妙："因为我的手比较小呀！而老板的手比较大，所以他拿的一定比我拿的多很多！"

有的人做生意既看着盆里的，又盯着锅里，所以在这一锅粥里，他总能吃得最多。正所谓眼睛只在一盆，利益也只能局限于眼前那一点。

真正精明的商人更善于从长计议，为未来打算。

有一年，日本广岛市水道局打算将埋在市区的电线、煤气管和自来水管的阀门位置、各类管道和铺设时间等，绘制出一幅能用电子计算机控制的示意图。水道局的预定价格为1100万日元。当时共有8家公司参加投标，报价分别为2700、980、55、45和35万日元。

拥有大型计算机厂家的富士通公司的最后报价竟只有象征性的1日元，以其几乎完全免费的绝对优势，逼得其他公司纷纷退场，一举中标。

富士通为什么要这样做？为人家生产耗资1100万日元的产品却只收1日元的报酬？不要以为富士通是有利不图的傻瓜，富士通是在运用"图大利敢弃小利"的计谋。它要通过丢弃这1100万"小利"，赚上比这大几十乃至上百倍的大生意。

原来日本政府建设省早已发出通知，要求包括东京在内的11个大城市都要把铺设在地下的管道绘制成电子计算机能够控制的示意图，广岛不过是率先付诸实施的城市而已。

富士通若能在广岛中标并绘制成功，便可为在其他10个城市的招标竞争中增加了必胜的实力。更为重要的是，日本政府的最终计划是要根据绘制出的示意图来设计和安装电子计算机。富士通丢弃这1100万日元顺利中标并争取到了示意图的设计权，于是就可以设计出符合自己计算机特点的图纸，也就等于把非富士通牌的计算机的硬件、软件统统排斥到这一市场的千里之外，自己却成了使用这一图纸以控制地下管道的唯一的计算机生产厂家。

试想，如此巨大的市场潜力，如此巨大的生意利润，岂是1100万日元的损失可以比拟的？

1935年，日本索尼公司试制成功了第一台晶体管收音机。这种收音机体积虽小，但与原来社会上通用的笨重的真空管收音机相比，性能却大大提高了，而且也非常实用。考虑到日本是个资源小国，而且市场容量也不大，所以产品只有出口才能有所作为，公司创始人盛田昭夫决定用新产品首攻美国大市场。经过艰难的推销工作，新产品的订单渐渐多了起来。

让人大为惊喜的是，一天，一位客商竟然一次要订10万台晶体管收音机。10万，这在当时近似于天文数字。10万台订货的利润足以维持索尼公司好几年的正常生产。全公司的职员无不为此欢欣鼓舞，都希望给这位客商以优惠，尽快订下合同。

不料公司总部突然宣布了一条几乎是拒绝大客商订货的奇异价格"曲线"：订货5000台者，按原定价格；订货1万台者，价格最低；订货过1万台者，价格逐渐升高，如果订货10万台，那么只能按照可以使人破产的高价来订合同。

如此奇异的价格"曲线"令公司职员及客商大为不解。因为按照常理，总是订货越多，价格也就越低。

什么原因呢？盛田昭夫后来向他的职员透露了他"着眼将来，力避后患"之计。当时索尼公司的年产量还远达不到10万台这个数字。如果接受这批订货，那么生产规模就必须成倍地扩大。可是如果公司筹款扩大生产规模以后，再也没有现在这样的大批量订货，那么结局只能是刚刚起步的公司可能会马上破产。订货越多，单价就越低，就一般情况而言，是成功、完善的方案。以此方案订下10万台合同也足以使索尼公司在短时间内大踏步地前进一步。但从将来企业的长远发展而言，由于盲目投资、盲目扩大生产规模而造成的生产不稳定，忽上忽下，甚至公司倒闭的后患也就在不知不觉当中埋下了。公司所制定的价格"曲线"旨在引导客户接受对双方都有利的1万台订货数量。为避将来后患，公司目前最需要的就是一万台左右的客户。

这里富士通和索尼公司都是先放弃"盆"中小利而得到"锅"中大利。有的人则是直接盯住锅中那比盆里多得多的粥，最后如愿以偿，角度虽是不同，结果都一样让人满意，因为他们都抓住了不只盯眼前、放眼长远的经商秘诀。

瑞士巴塞尔市的霍夫曼·拉罗什多年以来一直是世界最大的而且很可能是获利最丰的制药公司的创始人。当人们看见这家公司日进斗金、财源滚滚的时候，却很少有人知道，他为成功足足等待了60年。

20世纪20年代中期以前，霍夫曼·拉罗什公司不过是一家非常不起眼的小公司，作为一个苦苦挣扎的小商品生产商，他经营几种纺织染料。它在一家庞大的德国印染制造商和两三个国内的大型化学公司的夹缝中苟延残喘，处境艰难。

必须找到新的增长点，否则企业的倒闭迟早会到来。霍夫曼·拉罗什把赌注押在了当时新发现的维生素上。这不仅意味着长久的等待，也意味着巨大的风险，因为甚至连当时的科学界还没有完全接受这种新物质的存在，更不用说把这种物质转化为商品进而转化为利润了。霍夫曼·拉罗什不仅买下了无人问津的维生素专利，还从苏黎世大学高薪聘来了维生素的发现者，报酬是大学教授的最高薪水的好几倍，也是世界上从未出现过的高薪水。尔后，他倾其所有竭其所能把借来的钱都投在了这种新物质的生产和推广上。

60年后，所有维生素的专利都到期了，霍夫曼·拉罗什也已经占据了世界近一半的维生素市场。现在，他的年收入达几十亿美元，已远非昔日的"吴下阿蒙"。

在霍夫曼·拉罗什的成功过程中，类似维生素这样的例子还有很多。20世纪30年代，当他进军新的磺胺类药品市场时，当时大多数的科学家都"知道"此类药品不能有效地治愈传染病。而到了20世纪50年代中期，当他进军镇静剂、利眠宁和安定片市场时，当时也是与"每一个科学家所知道"的相悖，然而，却一次又一次地取得了成功。

一个无人问津的专利，60年坚定不移的等待，看得长远的人敢于在危急之时放手一搏，甚至孤注一掷。

"为了理想，可以少赚，但不宜多赔"，在海外奋斗多年的华侨们常把这当做经商的秘诀，不过在必要的时候，他们也是敢于做赔本生意的。

在日本京都的闹市区，有一家中式的酒楼，近几年生意非常红火，同行都纷纷投来羡慕的眼光，然而，却没有几个人知道这家酒楼的发迹史。

这家酒楼的老板姓马，他最初开的是中药铺，一直经营得非常不错。当他决定改开酒楼时，俗话说"隔行如隔山"，许多朋友都劝他放弃这样愚蠢的念头，"舍掉了老本行不说，还偏偏想到竞争如此激烈的酒店业中分一杯羹，简直是不可思议。"

但马老板主意已决，不管别人怎么说，他开始了计划已久的经营。

马老板的酒店的确是与众不同，他以香港式的点心为中心的饮茶方式来经营。这更加引起了亲朋好友们的担心，因为在此之前有两家点心店刚刚关门倒闭。

开张营业后的一年多时间里，酒楼一直在赔钱。这时候，亲戚朋友们都开始嘲笑他，连他的太太也不断地抱怨，更有人干脆说他是个"败家子"。

成竹在胸的马老板回答得非常坦然："这都是意料之中的事情，一开张就赚钱的酒店成不了什么气候，如果做生意只盯着赚钱，时间长了，也就赚不了大钱！""我的方向是以创造优雅的气氛和优质的服务来吸引顾客，让他来一次就时时念着再来第二次。现在赔钱根本没什么可担心的，过不了多久就一定会大把赚钱的，你们就等着瞧好吧！"

果然如此。一年后，他酒店的生意日渐兴隆。而且顾客们也认为，就单是为了这么优雅的环境，多花一点也很值得。这个时候，那些曾经反对和嘲笑过他的人，面对他蒸蒸日上的业务与源源不断的利润，都改变了过去的看法，并十分佩服他先赔后赚的长远眼光。

谋势深解

紧抓绩效做决策

看清财势的走向就是找到发财的道路。商人自身有自身的特点，市场有市场的规律，依据自身的特点按市场规律做生意就是抓住了财势。

正确的决策来源于对事实真相的准确把握。

先让问题的关键"水落石山"，接下来还应当了解这个问题的具体结构，这会帮助你更快地找到解决问题的办法，做出正确决策。

一般来说，经营性决策所要考虑的首要问题是：怎么才能给企业创造利润——经营绩效；或者说，怎样做才能有效防止会给企业盈利目标造成伤害的事情的发生。当所有条件都已具备，企业开始正常运作时，你就一定能够达成理想的绩效。也就是说，工作环境诸条件——包括员工队伍建设、管理体系、职能部门架构、市场准入条件、经营计划、资金、各种硬件设备等等——总之一切的一切都已万事俱备而且基本达到要求的话，经营绩效必定也能达到要求。可要是这些条件中的某些因素发生了变化，那么绩效水平必定也会跟着发生变化。有时候，生产条件的改善，也会产生正向影响，事情随之也会变得比预期还好。绩效突然提高，比起绩效突然下降当然是皆大欢喜的事，也不需要我们做紧急反应。但是并不是说，只要能让我们赚更多钱，我们就可以糊里糊涂不闻不问。对于绩效的突然性增长的原因我们也必须有个清醒的认识——为什么突然之间情况变好了呢（是市场因素还是经营管理因素）——以便我们或能够巩固成果，或在情况一旦发生逆转时有个清醒的认识。无论情况好坏，反常现象总是值得我们关注的。

一般来说，业绩下降得越严重，找出原因并采取对策就越迫切，决策压力也就越大。

任何决策都是为取得绩效服务的，或者说是以取得绩效为目的的，当绩效出现偏差时，作为经营管理者就应当立即着手去分析问题所在，为尽早决策提供参考依据和线索。只有把问题搞得越清楚，你的决策，才越是有价值。反之，管理者不待把问题弄清楚就匆忙决策，自食苦果是必定无疑的。兵家有所谓"知己知彼百战不殆"的说法，在决策方面也同样适用。要想做到在决策之前，把问题弄个水落石出，就应当从以下几条入手：

①立即调查企业绩效从何时开始发生偏差；

②排查各种因素，找出导致绩效下降的原因；

③外部环境因素是否发生了改变，及其对某项计划实施的影响；

④在此之前是否出台过什么政策措施，如果有，要逐一予以核实，进行执行情况反馈；

⑤与主要人员讨论重大决策预案，消除上述不利因素；

⑥进行可行性论证，并改善和落实此决策，随时考察企业绩效是否好转；

⑦召开会议，讨论和评估该决策的实施效果。

善于顺应时势把握大局

在富兰克林·罗斯福当上美国总统后,一名叫哈默的美国生意人根据总统即将实施的新政判断出美国将废除1920年公布的禁酒令。

哈默看准这种情况,立即着手向有丰富白橡木资源的苏联订购了几船白橡木,开始生产酒桶。

当他的酒桶从生产线上不断运送出来时,美国真的开始废除禁酒令,各地酒厂急需大量白橡木制成的酒桶来盛放啤酒和威士忌。

如此一来,哈默的酒桶售价甚为可观。从此,他走上了发财之路。

明察时势也就是大局在胸,大局在胸可眼观六路,顺时而动可一劳永逸。做生意得掌握这些关键点、大学问。

晚清的局面是胡雪岩游走官商两界的一个社会平台。但仅有这一条那是远远不够的。不过,胡雪岩能在这个时代中把握变幻莫测的时势大局,这一点是胡雪岩能够成为商界巨子的重要因素。

胡雪岩善于驾驭时事,首先体现在与洋人打交道这件事情上。随着交往的增多,他逐渐领悟到洋人也不过利之所趋,所以只可使由之,不可放纵之。最后发展到互惠互利,其间的过程都是一步一步变化的。但胡雪岩的确有一种天然的优势,就是对整个时事有先人一步的了解和把握,所以能先于别人筹划出应对措施。有了这一先机,胡雪岩就能开风气,占地利,享天时,逐一己之利。

当我们说胡雪岩对时事有一种特殊驾驭才能时,我们的意思正是,胡雪岩因为占了先机,故能够先人一招,从容应对。一旦和纷乱时事中茫然无措的人们相比照，胡雪岩的优势便显现出来。

清朝发展到道光咸丰年间，旧的格局突然受到冲击。洋人的坚船利炮让一个至尊无上的帝国突然大吃苦头，随之引发长达十几年的内乱。

这一突然变故，在封建官僚阶层引起分化。面对西方的冲击，官僚阶层起初均采取强硬措施，一致要维护帝国之尊严。随后，由于与西方接触层次的不同，引起了看法上的分歧，有一部分人看到了西方在势力上的强大，主张对外一律以安抚为主。务使处处讨好，让洋人找不到生事的借口。这一想法固然周全，但却可怜又可悲。因为欲加之罪，何患无辞，以为一味地安抚就可笼住洋人，无非是一厢情愿而已。当然这些人用心良苦，不愿以鸡蛋碰石头，避免一般平民受大损伤。

另一部分人则坚持以理持家，主张对洋人采取强硬态度。认为一个国家断不可有退缩怯让之心，免得洋人得寸进尺。这一派人以气节胜，但在实际事情上仍然难以行得通，因为中西实力差距太大，凡逢交战，吃亏的尽是老百姓。

还有另外一部分人，因为和洋人打交道多，逐渐与洋人合为一家，一方面借洋人讨一己私利，另一方面借洋人为国家做上一点好事。这一部分人就是早期的通事、买办商人以及与洋人交涉较多的沿海地区官僚。

对于洋人的不同理解，必然产生政治见解上的不同。与胡雪岩有关的，在早期，何桂清、王有龄见解相近，都是利用洋人的态度，这与曾国藩等的反感态度相左，形成两派在许多问题上的摩擦。胡雪岩因为投身王有龄门下，自己也深知洋人之船坚炮利，所以一直是何、王立场的策划者、参与者，同时也是受惠者。

到了后来，曾国藩、左宗棠观点开始变化。特别是左宗棠由开始的不理解到理解和欣赏，进而积极地要开风气之先，遂使胡雪岩之洋人观得以有了更坚强的依托。

基于这种考虑，胡雪岩从来都紧紧依靠官府。从王有龄开始，运漕粮、办团练、收厘金、购军火，到薛焕、何桂清，筹划中外联合剿杀太平军，最后，还说动左宗棠，设置上海转运局，帮助其西北平叛成功。由于帮助官府有功，胡雪岩得以使自己的生意从南方做到北方，从钱庄做到药品，从杭州做到外国。官府承认了胡雪岩的选择和功绩，也为胡雪岩提供了他从事商业活动所必须具有的自由选择权，假如没有官府的层层放任和保护，在这样的一个封建帝国，胡雪岩处处受滞阻，他的商业投入也必然过大。而且由于投入太大又消耗太多，他的经营也不可能形成如此大的气候。

由此可见，胡雪岩对那个时代的时事大局有独到的、超出一般人的把握和应对，这也直接决定了胡雪岩事业的巨大成功。

如果做生意仅仅停留在对时局和大势的把握上，那么这种把握就毫无用处，最多是闲暇人酒后的谈资。胡雪岩高明之处是善于顺应时势为自己的生意谋利。

为了结交丝商巨头，联合同行同业，以达到能够顺利控制市场、操纵价格的目的，胡雪岩在湖州收购的生丝运到上海，一直囤到第二年新丝上市之前都还没有脱手。而这时出现了几个情况：一是由于上海小刀会的活动，朝廷明令禁止将丝、茶等物资运往上海与洋人交易；二是外国使馆联合公衙，各自布告本国侨民，不得接济、帮助小刀会；三是朝廷不顾英、法、美三国的联合抗议，已经决定在上海设立内地海关。

这些情况对于胡雪岩正在进行的生丝销洋庄生意来说，应该是有利的，而且其中有些情况是他事先"算计"过的。一方面新丝虽然快要上市，但由于朝廷禁止丝茶运往上海，胡雪岩的囤积也就奇货可居；另一方面，朝廷在上海设立内地海关，洋人在上海做生意必然受到一些限制，而从洋人布告本国侨民不得帮助小刀会，和他们极力反对设立内地海关的情况看，洋人是迫切希望与中国保持一种商贸关系的。此时胡雪岩联合同行同业操纵行情的格局已经大见成效，继续坚持下去，迫使洋人就范，将现有存货卖出一个好价钱，应该说不是太难。

但正是在这个节骨眼儿上，胡雪岩出人意料地突然决定将自己的存丝按洋人开出的并不十分理想的价格卖给洋人。

做出这一决定，就在于胡雪岩从当时出现的各种情况之中，看出了整个局势发展必然会出现的前景。当时太平天国已成强弩之末，洋人也敏感地意识到这一点，从他们的态度和采取的行动来看，洋人事实上已经决定与朝廷接续"洋务"了。同时，虽然朝廷现在禁止本国商人与洋人做生意，但战乱平定之后，为了恢复市场，复苏经济，"洋务"肯定还得继续下去，因而禁令也必会解除。按历来的规矩，朝廷是不与洋人直接打交道从事贸易活动的，与洋人做生意还是商人自己的事情。正是从这些一般人不容易看出来的蛛丝马迹中，胡雪岩看出了一个必不可易的大方向，那就是，他迟早要与洋人长期合作做生意。

在胡雪岩看来，中国的官儿们从来不会体恤为商的艰难，不能指望他们会为商人的利益与洋人去论斤争两。因此，与洋人的生意能不能顺利进行，最终只能靠商人自己的运作。既然如此，也就不如先"放点交情给洋人"，为将来留个见面与合作的余地。出于这种考虑，胡雪岩觉得即使现在自己暂时无法实现控制洋庄市场的目标，也在所不惜了。

　　这就是胡雪岩眼光精明之所在。这一票生意做下来，他虽然没有赚到钱，但由于有这票生意"垫底"，胡雪岩确实为自己铺就了一条与洋人做更大生意的通途。事实上，胡雪岩在这一笔生意"卖"给洋人的交情，马上就为他赚来了与洋人生丝购销的三年合约，为他以后发展更大规模的洋庄生意，为他借洋债发展国际金融业，总之为他驰骋十里洋场，铺平了道路。

谋势深解

适应环境才能把握机遇

　　商人做生意会受到社会大环境的影响。社会环境对商人生意的内容、方向等都有一定的决定作用。如果做生意从时势的大局出发，按它的走向来运作，则可以取得意想不到的丰厚利润。

　　社会环境对企业的影响是非常大的，一般而言，企业若能顺应宏观经济环境的变动制定相应政策，则能顺利发展；相反，则会受到各种直接或间接的制约，使其处境艰难。

　　国家的政治、经济、军事、金融、税收政策，社会环境以及相关行业的竞争状况、所处地位等都是一个企业所处的外部环境，有些方面对企业的影响表现为一个长期的过程，有些则会立即威胁到企业的生死存亡，如各项政策的突然变化等。

　　经济环境的变动对企业造成的冲击包括许多方面，冲击来自不断演进的产业结构和企业所在行业所处的生命周期。从世界范围看，从国别范围看，这种产业结构的变动都是有迹可循的。

近百年来，被视为主导产业或产业成长之源的行业，先后经历了由劳动密集型的轻工业转向资金密集型的重化工业，后来又由材料产业转向装配加工业，再转向高新技术、信息技术产业的重大变迁。随着产业结构的变动，一些原本在市场占据主导地位的行业逐渐衰落，成为夕阳产业是不可避免的。例如美国的钢铁行业、日本的纺织行业等。从事这些行业的企业如不能适时进入新兴行业，或在技术、组织、管理上努力创新，面对日益激烈的海内外竞争与相对缩小的市场，就将陷入难以逆转的生存危机。

就目前而言，我国企业面临的宏观环境有两个比较大的变化，一是加入WTO对于企业的机遇与挑战；二是电子商务对于现代营销的冲击。

中国加入WTO，几乎世界上所有的知名企业无不在窥视中国市场，面对这样的环境，企业必须时刻关注宏观经营环境的发展和变化，必须做好超前的应变准备。然而，不得不承认的是，我国的大多数企业特别是国有企业应变的能力较差，应变的准备还不够充分，不够扎实，这是营销危机的隐患。

迈入WTO的门槛，实际上是进入了品牌竞争的时代。在中国本土企业整体成本都比较低的情况下，以品牌作为其战略先导，利用品牌开拓中国市场已成为外资尤其是跨国集团屡试不爽的策略。近来，一些外资企业尤其是跨国集团闻风而起，相继通过并购上市公司的方式加速进军中国资本市场：阿尔卡特控股上海贝岭、格林柯尔入主科龙电器……目前，我国有品牌资产积累的公司很少，大多数企业品牌意识不强，对品牌的理解还较多地停留在拼命打广告的初级阶段，更别提品牌保护这个问题。而一旦品牌被逐出市场，企业东山再起的可能性就不大了。

企业生存的外界环境一旦变化，既有可能给企业带来机遇，也有可能给企业带来威胁。企业对此反应迟钝，将会丧失机遇，或者面临危机。企业要特别注意国家的整体经济运行形势、经济政策、国家法律、政府干预、市场变化、科技进步、主要竞争对手的动向等，这样才不会被淘汰出局。

遵守商道势在必行

森林住着一群乌鸦，其中一只乌鸦看到被养在食棚里的白鸽有粮食吃，不需自己辛苦地觅食，生活舒适，十分羡慕。于是，这只乌鸦心生一计，便把自己染成白色，试图混入白鸽群中。起初，这只乌鸦默不作声，其他的白鸽以为它是新来的同伴，于是让它进入食棚内。

乌鸦在食棚里十分舒适，不久便得意忘形，竟开口说了几句话。当乌鸦的真面目暴露后，其他的白鸽非常气愤，于是将它赶走。当乌鸦返回原来的乌鸦群时，它的同伴看见它浑身雪白，认为它不是同类，结果也将它赶走了。

商有商道。有的商道须与时代同变而生，有的商道则亘古不变而长活，比如诚信，比如无欺……

公道自有人心。那些不守商道的人可能得逞于一时,不可能得逞于一世。生意做得再大,也是在一个固定的圈子里,所谓好事不出门,坏事传千里。大凡不德之举、违道之行会很快为圈内人所熟知,人人避之唯恐不及之势一旦形成,生意不死也已死了。

不守商道最恶劣的表现就是,害人之心昭然若揭。

无商不奸,这种现象,古往今来确实存在,当然也应全面地看待这一问题。

如果是谋略运用得当,生意得手,被人眼红,认为是"无商不奸",那无碍事体,是树总有风吹,且还有树欲静而风不止的情况。哪个人前无人说,哪个背后不说人,让人去说吧,好好地做人,好好做生意,管他呢!

如果是因开发的产品讯息、市场网络、投资情况、经营技巧方面对人保密,被人说成是"奸滑",那也只好听之任之。在生存与发展中,总有些暂时不能对人公开的事。饭不熟不揭锅,生孩子也须十月怀胎。足月了方能一朝分娩,此是情理之中的事。反之,心中无一点秘密与算计,这是取败之道,会让别人奸计得逞。

还有一种情况,倘若遭人暗算,设圈套陷害,而能防患于未然,及早识破诡计,被人咒为"老谋深算"、"奸商多智",这也只能一笑置之。害人之心不可有,防人之心不可无。防得好,不吃亏,人之共欲也。

但如下情况,便是奸商,为大家所不容,甚至会绳之以法。

一是诈骗。别人手上有好东西,许以好价钱,先赊后付,东西到手,溜之大吉。

二是以劣充优,以假充真。像把色素加进自来水、灌进瓶子贴上标签，拿到市场上去卖，自诩是名牌汽水。把酒精掺水，瓶装上市，冒充茅台酒。这实际上仍是诈骗。

三是短斤少两，商德低劣，同时也显示出小眉小眼，注定成不了大气候。

四是欺负老实人、不识货的人。一种货物分明是上乘货，可卖大价钱，可他见人不懂行，便心眼黑下来，嘴一撇，把货物说得一钱不值，把价格压至最低。

如此等等，都是奸商劣迹，他们可得手一时，但最终必栽跟头。可举吕不韦的命运为证。吕不韦当上秦国的丞相，位极人臣，享尽荣华富贵，但他不改奸商本性，为达目的不择手段，最终以扰乱宫闱等见不得人的罪恶，迫使秦始皇不得不赐他死，也算是报应。

在胡雪岩胡庆余堂药店的大厅里，除了通常那种"真不贰价"的匾额外，还非常显眼地挂有一块黄底绿字的牌匾。这块牌匾不像普通药店大堂上那些给上门顾客观赏的对联匾额，一律朝外悬挂，而是正对着药店坐堂经理的案桌，朝里悬挂。这块牌匾叫做"戒欺"匾，匾上的文字是胡雪岩亲自拟定的：

"凡是贸易均着不得欺字，药业关系性命，尤为万不可欺。余存心济世，誓不以劣品巧取厚利，唯愿诸君心余之心，采办务真，修制务精，不致欺余以欺世人。是则造福冥冥，谓诸君之善为余谋也可，谓诸君之善自为谋亦可。"

这块别出心裁的匾额既标榜了胡庆余堂的经营宗旨，又给顾客以诚实可信的印象。经过多年的发展，胡庆余堂"胡记"招牌成为与北京同仁堂并驾齐驱的"金字招牌"，深受广大顾客的信赖。时至今日，胡庆余堂的招牌仍高高地悬挂在杭州城里。

不用说,这块"戒欺"匾虽然是给药店档手和伙计们看的,但实际也有让官场靠山放心的意味。匾上所言,是胡雪岩对于自己药店档手、伙计的告诫和警醒,也是他确立胡庆余堂的办店准则,那就是:第一,"采办务真,修制务精",即方子一定要可靠,选料一定得实在,炮制一定要精细,卖出的药一定要有特别的功效。第二,药店上至"阿大"(药店总管)、档手,下到采办、店员,除勤谨能干之外,更要诚实、心慈。只有心慈诚实的人,才能够时时为病人着想,才能时时注意药物的品质。这样,药店才不会坏了名声,倒了招牌。药品货真价实,自然不会发生大的麻烦,官员心里也就踏实了。

旧时药店供顾客休息的大堂上常挂一副对联:"修合虽无人见,存心自有天知",说的是卖药人只能靠自我约束,药店是赚良心钱。这里的"修",是指中药制作过程中对于未经加工的植物、矿物、动物等"生药材"的炮制。生药材中,不少是含有对人体有害的有毒成分的,必须经过水火炮制之后方可入药。而这里的"合",则是指配制中药过程中药材的取舍、搭配和组合等,它涉及药材的种类、产地、质量、数量等因素,直接影响药物的疗效。中国传统中成药"丸散膏丹"的修合,大都沿袭"单方秘制"的惯例,常常被弄得神秘兮兮的,不容外人窥探。而且,由这"单方秘制"的成品品质的良莠不齐,不是行家里手,一般人又难以分辨出来,如果店家存心不正,以次充好,以劣代优,或者偷减贵重药材的分量,是很容易得手的,因而自古以来就有所谓"药糊涂"一说。正是因为上面这些原因,所以也才有了"修合虽无人见,存心自有天知"。

不诚实的人卖药，尤其是卖成药，用料不实，分量不足，病家用过，不仅不能治病，相反还会坏事。这个道理，胡雪岩自然是心知肚明，这也才有了那方"戒欺"匾上"药业关系性命，尤为万不可欺"的警戒。不仅如此，在《胡庆余堂雪记丸散全集》的序言中，也写上了类似的戒语："大凡药之真伪难辨，至丸散膏丹更不易辨！要之，药之真，视心之真伪而已……莫谓人不见，须知天理昭彰，近报己身，远报儿孙，可不慎料！"从这里，我们可以看出胡雪岩在"戒欺"上的良苦用心。

按照胡雪岩的说法："说真方，卖假药最要不得。"他要求凡是胡庆余堂卖出去的药，必须是真方真料精心修合，比如当归、黄芪、党参必须采自甘肃、陕西，麝香、贝母、川芎必须来自云、贵、川，而虎骨、人参，则必须到塞外去购买，即使陈皮、冰糖之类的材料，也决不含糊，必须得是分别来自广东、福建的，才允许入药。而且胡雪岩还要叫主顾看得清清楚楚，让他们相信，这家药店卖出的药的确货真价实。为此，他甚至提议每次炮制一种特殊的成药之前，比如修合"十全大补丸"之类，可以贴出告示，让人前来参观。同时，为了让顾客知道本药店选料实在，决不瞒骗顾客，不妨在药店摆出原料的来源，比如卖鹿茸，就不妨在药店后院养上几头鹿，这样，顾客也就自然相信本药店的药了。

诚实是商人的武器，而不是为谋利才打出的幌子。从事商业活动，与客户来往，如果总是一味地抱着投机心理，见利忘义，能坑就坑，能骗就骗，只图近利，而不知广结善缘，久而久之，一定会露出狐狸尾巴，其结果必然是"阎王爷开店，鬼也不上门"。一次经商活动，就是一次诚实的交往。你用真诚去待人，别人必然以信任来回报你。

日本企业家小池 20 岁时在一家公司当推销员。一次，他推销机器非常顺利,半个月就拿回了33份订单和订金,眼看这下自己将能获取可观的收入。然而,就在这时,他发现自己代为推销的机器比别的厂家出产的机器价格要昂贵些,他的心里非常矛盾,他想:"这事一旦让跟我签约的客户知道了,一定会因此对我的信誉产生怀疑……"

丢了订货的客户,对于一个推销员来说,就等于砸了自己的饭碗!最后,他拿定主意:宁愿这次生意做不成,也不能因此而使自己失信于人。

于是,小池立即拿着订单和订金去找客户。他花了整整三天的时间,逐一找到客户,老老实实向他们说明,自己所卖的机器比别家的昂贵。如果他们觉得不妥,可以解除契约。

他这种坦诚的做法,使客户大受感动,不但没有人向他提出退货的要求,反而还更进一步地加深了对他的信任。由此可见,待人真诚才会赢得客户的信赖。台湾巨商王永庆被称为"中国最富有的人",其发家秘诀就是"经商要做人为先"。他早年开米店,是一个经营管理上的好例子。米是最难以竞争的,每家的米似乎都一样。但是,在王永庆的手中,就变得不一样了。首先,他把砂子挑出来。从前的人卖米,米中有一点砂子,好像是很平常的事。家家户户淘米的时候,自己挑一挑就是了。而王永庆却主动在卖出之前就挑好了。其次,他又首创送货上门的做法。这本来不算什么,但是,他上门之后,便量一量人家的米缸大小,还请教一下人家吃米的习惯,全家有多少大人小孩。他回去后便算出人家要多久能把米吃完,这样,下次人家将要买米之前的二三天,他已经把米送到了。客户也就免除了临急没米下锅的麻烦!

他为人送米,还把人家的旧米倒出来,抹一抹米缸,才倒新米在底下，再倒旧米在上面。这样的近似愚蠢的"诚实劲",很快便使他稳操胜券,在米业里站稳了脚,并为以后大发展奠定了基础。

待人以诚,处事以信,这是最基本的商业道德,也是亘古以来人们一直在提倡、褒扬的做人准则。最简单的道理为什么很多的人难以做到?不外乎只为眼前利益唾手可得,不妨先得,长远利益无影无形,不得也罢,这样庸俗的心态在作祟。实际上,我们只需看看站在商业领域顶峰的那些人就该明白,即使他们中有的人不是因为这些商道而成功,也必是因此而受益。

谋势深解

力行诚信才能站稳脚跟

世有世途,商有商道。商家要想在市场上站得稳、站得久就必须遵循商道来做生意。投机取巧或许能谋利一时,但这种人必将为市场所淘汰。

(1) 言而有信

如果你已经懂得自尊自重,对承诺的事就该全力以赴,纵使会给自己带来某些不便,也应履行,别人会因此尊重你。

具有优秀品格的人信守承诺,在已议定的条件下,说到做到。他们懂得关怀别人,是他人求助和信赖的对象,因此也深具领导特质。在当今的市场经济中,"信"字显得格外重要,它将为你赢来无穷的信誉和商誉,你将更有机会与别人签立合同。言而有信,将是你一生中一笔无法衡量的财富。托马斯·杰斐逊说过,成人就是敢做敢当的人。如果你确定自己是个言而有信,有品格的人,你就无须担忧别人对你是什么看法，从而有更多的精力和勇气去面对生命中的挑战。

言而有信和其他人格特质一样，也是一种习惯。从现在开始，下定决心，培养自己的这一特质。如果你无法如期达成自己的承诺，或者履行上困难太大，不妨从小事做起。向自己保证守信的同时，要预先安排时间，不延迟而达成自己的承诺。慢慢地，你就会发现其他承诺也能轻易达成。

记住！投机取巧只能获得一时的暴利，言而有信则将积聚成取之不尽的财富宝藏。

（2）以诚取胜

我们这里说的诚实，指的是首先要对自己诚实，对有关自己的事了解更多，例如自己的目标、梦想和渴望，这样才会有助于你看清自我的处境和周围的人。所以，你每时每刻都得对自己诚实。欺骗自己其实是伤害自己的开始，因为你正开始接受自己的不当行为并将自己引向心安理得。不要欺骗自己，诚实地估计自己的实力和形势，诚实地评价自我行为并不断进行矫正，这才是迈向成功之道。

诚实还意味着待人处事时坚守自己的人格。真相是无法永远被隐瞒的，所谓"纸里包不住火"。不论是商务，还是人际间交往，如果是建立在谎言之上，绝对不能持久，只有基于诚实与利益公平的原则上的交往，关系才能长久。有的人为了微不足道的小利而撒谎、偷窃，出卖自己的人格，这是令人遗憾和鄙视的。

诚实是没有等级、不分程度的，从微不足道的小事开始维持这种态度，你就会养成诚实的习惯。开诚布公，坦诚以待，将为你赢得朋友和更好的结果。

还要指出的一点，就是诚实不是为交换报酬而来的。诚实本身就是一种奖励，它是人类行为中最具成效的一种。诚实的人，不像行骗欺诈者得花费心思，他们可以集中心力，从事有益的事，就长远来看，风险低，回报却较高。在现今复杂的社会中，对诚实行为的界定较为模糊，那些法律条文及道德规章中所制定的，都是最基本的行为标准。你也可以制定自己的行为准绳，确定它是正确积极的，有助于自己的，无损于他人的。在面对问题时，它将帮助你更容易、更迅速地做出正确的决定。

总之，当你力行诚实之道时，你就启动了一种强大的力量，为你带来不断的正面回馈。